Clelia **Ventura**

LINO VENTURA

Une leçon de vie

À ma mère Odette
À mes sœurs Mylène et Linda
À mon frère Laurent
À mes enfants Amélie, Paolina et Léon

Ce silencieux est un conteur
Ce brutal est un sensible
Ce tourmenté est un bon vivant
Ce baroudeur est un jardinier
Ce gorille est un papillon

Philippe Labro

« Je me suis quand même payé un luxe extraordinaire dans ma vie ;
c'est que j'ai toujours fait ce que je voulais faire et rien d'autre. Et en raisonnant de manière utopique, si je devais recommencer ma vie, peut-être que je la recommencerais comme ça... »

générique

séquence1 :
Un enfant de la rue à l'école de la vie p. 12

séquence2 :
Un lutteur à la trempe de champion p. 20

séquence3 :
Acteur par hasard ? p. 32

séquence4 :
Un dur, un truand, une gâchette p. 42

séquence5 :
Le cinéma en héritage p. 50

séquence6 :
De l'instinct au personnage p. 54

séquence7 :
Une nature estampillée vraie p. 60

séquence8 :
Une histoire, une histoire, une histoire p. 72

séquence9 :
Du dialogue à ses mots p. 76

séquence10 :
De la pudeur et des femmes p. 84

séquence11 :
Le cinéma passionnément p. 96

séquence12 :
Star malgré lui p. 108

séquence13 :
Un homme libre p. 118

séquence14 :
Le regard sur le monde p. 124

séquence15 :
Un anarchiste romantique p. 132

séquence16 :
La couleur de l'amitié p. 136

séquence17 :
Ses films p. 146

Le Silencieux - 1973

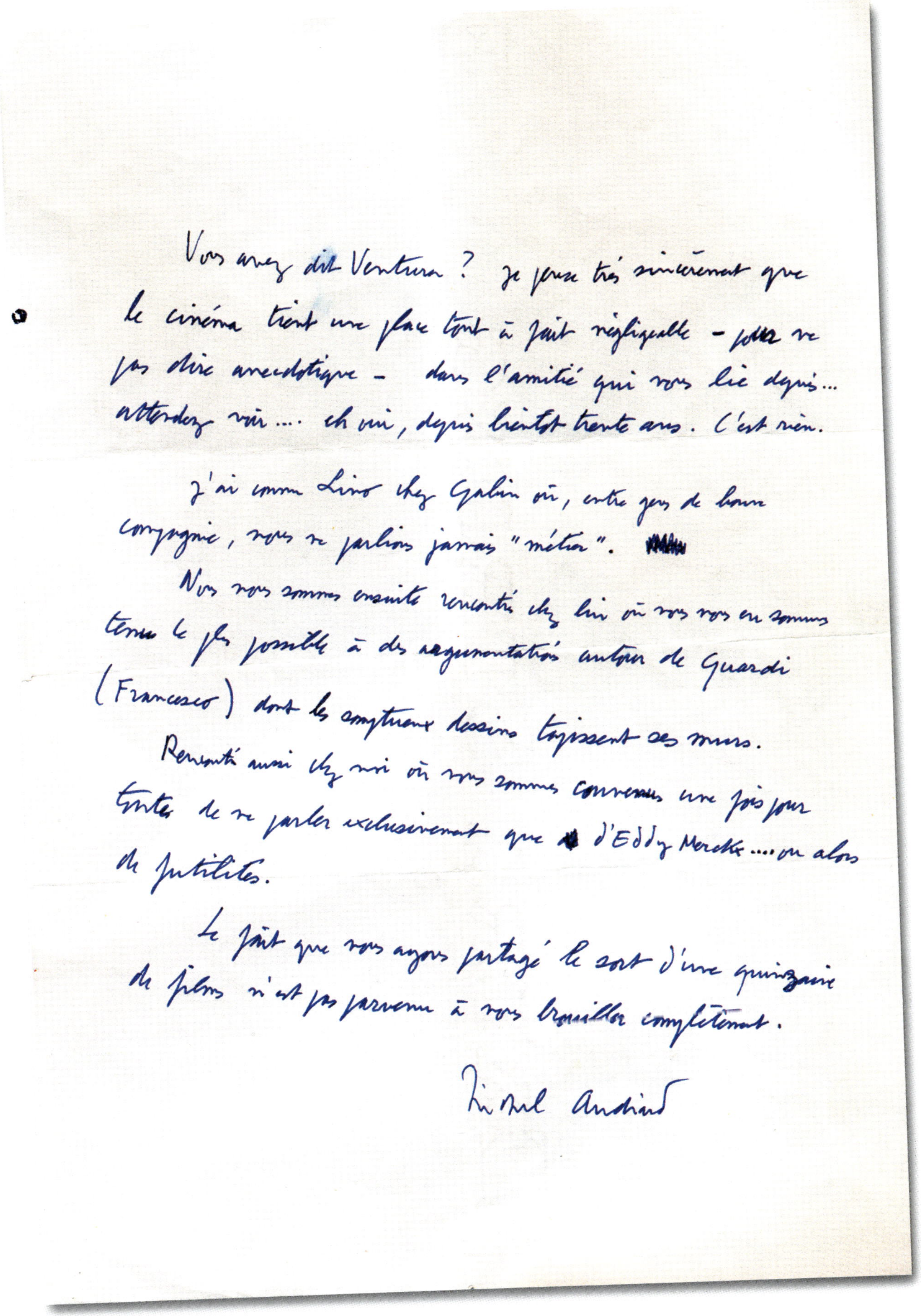

Vous avez dit Ventura ? Je pense très sincèrement que le cinéma tient une place tout à fait négligeable - pour ne pas dire anecdotique - dans l'amitié qui nous lie depuis... attendez voir.... eh oui, depuis bientôt trente ans. C'est rien.

J'ai connu Lino chez Gabin où, entre gens de bonne compagnie, nous ne parlions jamais "métier".

Nous nous sommes ensuite rencontrés chez lui où nous nous en sommes tenus le plus possible à des argumentations autour de Guardi (Francesco) dont les somptueux dessins tapissent ses murs.

Rencontrés aussi chez moi où nous sommes convenus une fois pour toutes de ne parler exclusivement que d'Eddy Merckx.... ou alors de futilités.

Le fait que nous ayons partagé le sort d'une quinzaine de films n'est pas parvenu à nous brouiller complètement.

Michel Audiard

Michel Audiard écrivit ces quelques lignes un jour de 1984...
Chère à mon cœur, cette lettre est bien plus qu'une préface ; c'est un chant d'amour, un trésor d'amitié...

introduction

Mon père m'a dit un jour :
« *Clelia, on ne guérit jamais tout à fait de son enfance...* »
Son regard était chargé de douleurs vives et de tristesse sourde...
Des années durant, j'ai essayé d'en savoir plus sur cette enfance qui lui avait laissé des blessures à l'âme... Mais, comme tous ceux pour lesquels la souffrance est indélébile, il taisait ses douleurs !...
Mon père ne se livrera jamais.
Pour quelles raisons ?...
Par pudeur ? Par respect ? Par honneur ?...
Peut-être bien les trois !...

Il y a pourtant quelques anecdotes, quelques *clés*, qui en disent long sur cet homme qui ne donna jamais de leçons aux autres mais dont toute la vie est une leçon...

Parma, Italie du nord 1925 : le petit Angiolino n'a que six ans, mais cela ne l'empêche pas de faire une longue marche à travers les faubourgs de sa ville pour aller jusqu'à Maranello, fief des automobiles Ferrari. Aux abords de l'usine, il s'installe aux premières loges, face au pont que ces voitures de rêve empruntent pour être expédiées vers des destinations qu'il n'imagine même pas connaître un jour. Il reste assis là, des heures, à regarder défiler ces bolides rouges qui ne seront jamais pour lui.

Son avenir appartient à un autre monde...

Un monde d'*exclusion* où, alors qu'il n'a que sept ans, il se retrouve petit immigré à Paris, seul avec sa mère. Premiers pas de déraciné qui le confrontent brutalement à la cruauté des enfants et à la bêtise des adultes. Bêtise qui n'a pas de limite dans l'injustice, la maîtresse d'école allant jusqu'à distribuer des ardoises à tous les écoliers sauf à lui et à un autre petit Italien parce qu'ils ne sont, en fin de compte, que des *macaronis*.
Alors il apprendra, certes, mais tout seul !

Un monde d'*apparence* où, alors qu'il n'a que douze ans, il lui faut un an pour économiser quatre anciens francs dans l'espoir de s'offrir un *chateaubriand*... Un met réservé aux nantis dont l'appellation majestueuse le fascine et le fait rêver à chaque fois qu'il parcourt le menu du restaurant qui jouxte l'hôtel où il est groom...
Quand enfin il peut s'attabler comme un prince et commander son rêve, quel n'est pas son désappointement lorsqu'il découvre dans son assiette, cérémonieusement servie, un vulgaire steak garni d'une simple feuille de salade : « J'ai demandé un *chateaubriand*, pas un morceau de viande ! » Ce à quoi, le serveur méprisant rétorque : « Vous avez demandé un *chateaubriand »* : c'est un *chateaubriand* ! » Là, le jeune Angiolino, ravalant sa faim, ses rêves de gastronome déjà averti, abandonnera ce repas mensonger et s'en ira sans réclamer...

Un monde *meilleur* qu'il va vivre sur grand écran aux Ursulines et à l'Apollo, ses cinémas fétiches, où Spencer Tracy et James Cagney incarnent, pour lui, le temps d'un film, un modèle paternel qui lui manque tant !... Comment peut-il imaginer alors, qu'un jour il va se retrouver face à Jean Gabin alias Pépé le Moko, son idole ?

Un monde de *combat* où, alors qu'il n'a que seize ans, il troque ses culottes courtes et ses godillots pour un maillot de lutteur et des chaussures en cuir souple qu'il va user tous les soirs sur un ring. Ce ring où il va apprendre à tomber avec dignité et se relever avec humilité...

Un monde d'*absurdité* où, alors qu'il n'a que 23 ans, il doit quitter la femme de sa vie Odette, pour rejoindre sa patrie d'origine et se battre contre celle de sa propre épouse. Devant cet impossible combat, il capitulera pour la rejoindre dans le Paris occupé, au risque de se faire fusiller pour *haute trahison*...

Mais la vie est là qui, souvent injuste et cruelle, sait aussi être généreuse et fantastique : Angiolino, à qui l'existence a appris à ne rien attendre, devient Lino Ventura...
Pudeur, respect et honneur resteront les maîtres mots de cet homme de *légende* et seront à tout jamais indissociables de sa mémoire.

Et comme si le destin voulait à tout prix conjurer le sort et exaucer les rêves du petit Angiolino, Lino, au summum de sa *célébrité* – dont il a toujours refusé d'apprécier l'étendue – recevra une invitation...
Et quelle invitation !
Celle du Comandatore en personne, Monsieur Enzo Ferrari !...
C'est ainsi qu'au volant d'un de ces bolides rouges qu'il était parvenu à s'offrir, il fera le voyage de Paris à Maranello... Et une fois arrivé aux abords de l'usine, il ne pourra s'empêcher de s'arrêter au milieu du pont de son enfance, de descendre de sa voiture, d'aller s'appuyer sur la rambarde et de regarder l'endroit où, petit, il venait s'asseoir pour rêver.
En pensant au petit Angiolino d'alors, Lino, ne pouvant contenir l'émotion de son passé, se mit à pleurer...

Aujourd'hui je pense à lui, à ce père qui ne m'a pas laissé le temps de le connaître vraiment. Ventura, l'acteur, accaparait si souvent mon père, Lino...
Si souvent que j'étais jalouse de ce métier qui me l'enlevait des mois durant et pendant lesquels je me posais mille questions sur cette *autre vie* qu'il menait loin de moi.
Silencieux de son histoire, j'ai voulu aller à la rencontre de sa vie.
Au cœur de cette quête, je me suis frayée un passage émouvant et douloureux au travers de ce qu'il m'a laissé : un héritage de moments rares où se mêlent passion et tendresse, valeurs vraies et sentiments nobles.

Aux détours de tous *ses souvenirs*, je n'ai pu le retrouver, mais je l'ai rencontré à travers *ses mots* : témoins précieux de *son être*.

Ses souvenirs sont mon trésor, *son être* ma fierté, *ses mots* mon bonheur.
Et comme il m'a appris depuis toujours qu'*un bonheur non partagé* rime avec *rien*, partageons-le...

Clelia

séquence1

Un enfant de la rue à l'école de la vie...

On ne guérit jamais tout à fait de son enfance.

LINO : « Je suis issu d'une famille très modeste. Mon père a quitté l'Italie pour des raisons à la fois politiques et financières. En 1926, ma mère et moi sommes partis pour le rejoindre en France, mais à notre arrivée, il avait disparu. J'avais 7 ans.
Là, a commencé ma vie de jeune immigré...
Quelqu'un a dit à ma mère : « *Allez là-bas, il y a untel qui peut vous aider à vous loger...* »
C'était à Montreuil, en banlieue.
Je m'en souviens encore, c'était au 57 de la rue de Romainville.
Voilà pourquoi je me suis retrouvé très vite tout seul avec elle... »

LINO : « Si vous me demandez si j'ai ressenti la condition d'immigré, le racisme, je vous répondrais : fichtre oui !... Le racisme, je ne sais plus vraiment parce que je ne savais pas ce que cela voulait dire à l'époque ce mot racisme, je l'ai appris bien plus tard ; mais la condition d'immigré oui, je l'ai sentie et très fortement d'ailleurs. C'est ce qui a beaucoup marqué ma vie.
C'est pour ça, si vous voulez, que je suis aussi à fleur de peau dès qu'on touche à la dignité de l'homme et que je ne supporte pas de voir un être humain humilié, c'est quelque chose qui me révolte. »

LINO : « Je dois dire que j'ai très vite appris à assumer les choses... Il fallait se défendre, quoi !... Je me souviens des queues qu'il fallait faire rue de Vaugirard, où j'accompagnais ma mère parce qu'elle ne parlait pas français, pour l'obtention de cette fameuse carte de travail... Les commerçants où il fallait tout expliquer parce qu'ils ne la comprenaient pas... Enfin, ce genre de brimades qui, accumulées les unes aux autres, fait qu'un jour ça déborde un peu ! »

Claude Pinoteau : « Lino a été en position de défense permanente dans sa vie. Et cela vient de sa jeunesse quand il était le petit rital, le petit immigré. Du fait de sa langue, il avait un retard sur les autres et était mis à l'écart. Ça le faisait souffrir et c'est là qu'il a commencé à se défendre, qu'il a dû commencer à se battre même quelquefois. »

Clelia sa mère de lait.

Lino à 7 ans avec sa mère.

Parme.

REGISTRE N° 7286

Feuillet 44

CABINET DU PRÉFET

Sous-Direction administrative

SERVICE des ÉTRANGERS

943497

(94-E)

RÉPUBLIQUE FRANÇAISE

LIBERTÉ — ÉGALITÉ — FRATERNITÉ

PRÉFECTURE DE POLICE

EXTRAIT DU REGISTRE D'IMMATRICULATION

(Application de la loi du 8 août 1893.)

En exécution de la loi du 8 août 1893,

Par-devant Nous, Préfet de Police, s'est présenté

le sieur M. Ventura née Borrini Luisa

Né le 17-8.1898 *à* Parme

Nationalité Italienne

Fils de Lino

et de Cappellazzi Delcisa

Marié à (1) Ventura Jean

Veuf de (1)

Enfants : Angelo 14.7.1919 Parme

TIMBRE DE DIMENSION 5F 40

PRÉFECTURE DE POLICE

Domicile Rue de Romainville N. 57 a Montreuil s/Bois

lequel Nous a déclaré être arrivé à Paris, le 7-6-1926.

pour y exercer **la profession de** vendeuse

Il a justifié de son identité conformément aux dispositions de l'article 1er de la loi, en produisant à l'appui de sa déclaration passeport Italien

Fait à Paris, le 3 septembre 1927

DROITS PERÇUS

Timbre	5 fr. 40
Droit d'expédition attribué à la Caisse municipale	1 fr. 25
TOTAL	6 fr. 65

Signature du déclarant :

Ventura Luisa

POUR LE PRÉFET DE POLICE,

Le Chef du Service des Étrangers :

CABINET DU PRÉFET — PRÉFECTURE DE POLICE — 4 — SERVICE DES ÉTRANGERS

NOTA. — En cas de changement de domicile, à Paris ou dans le département de la Seine, faire viser ce Certificat dans le délai de deux jours, au Commissariat de Police de son quartier.

Si l'Étranger quitte le département de la Seine, il doit faire viser ce Certificat, dans le délai de deux jours, à la Mairie de sa nouvelle résidence.

LINO : « Ne me demandez pas si j'ai aimé l'école car ça c'est une réponse que je ne peux pas vous donner étant donné que **l'école et moi ça n'a pas marché très, très fort.** Je veux dire par là que **mes études ont été extrêmement brèves.**
Elles ont commencé en Italie, à l'école maternelle où je me souviens très bien d'avoir imposé une espèce de loi à l'heure du réfectoire quand je guettais ceux qui ne mangeaient pas parce que, moi, je mangeais beaucoup et que je prenais leur part quand ils la laissaient !
Par la suite, j'ai fait une incursion à l'école élémentaire, en France cette fois-ci, qui s'est soldée au bout de quelque temps par un échec total pour des raisons qui seraient très longues et assez gênantes d'expliquer...
Mais... Enfin, pour vous dire la vérité, j'étais rarement en classe. J'étais la plupart du temps avec un autre petit Italien qui était là et on passait nos journées dans la cour de l'école. À l'époque, avec les petits Français ça ne marchait pas très fort. Remarquez, on avait peut-être aussi deux foutus caractères !
Et puis il y avait la barrière du langage.
Mais vous savez, la cruauté des enfants est une des choses les plus terribles qui existent ! C'est effrayant !
Un jour, j'ai assisté à la distribution de la croix d'honneur. Je ne sais pas si ça se fait toujours maintenant mais à l'époque on donnait une croix au meilleur élève de la classe. Alors je suis allé proposer au jeune garçon récompensé de me prêter la sienne contre je ne sais plus quoi... des billes peut-être... ce que j'avais. Évidemment il n'a pas voulu et j'ai fini par la lui prendre.
Je suis rentré chez moi et j'ai expliqué à ma mère que c'était ce qu'on donnait au premier de la classe. Là, elle a eu des doutes affreux et tout en lui parlant, dans la cour où l'on habitait, j'ai vu un môme qui arrivait hurlant au bras d'une dame, qui devait être sa mère.
Du doigt, il me désignait : « *C'est lui !* »
Et tout ça s'est terminé à coups de manche à balai. »
Et puis, mon Dieu, une période est vite

La cruauté des enfants est une des choses les plus terribles qui existent ! C'est effrayant !

*j'ai reçu
l'éducation
de la vie, car
je me suis retrouvé
face à la vie tout
seul, très jeune.*

arrivée où j'ai dû commencer à travailler pour manger. J'étais très jeune. J'ai vendu des journaux, j'ai été groom, j'ai été mécanicien, j'ai été livreur, j'ai été représentant, j'ai fait mille choses... Sans aucun succès d'ailleurs, parce qu'à chaque fois que j'abordais un travail, je foutais une pagaille épouvantable. C'est-à-dire que j'étais un peu comme une petite bête sauvage. C'était très difficile de me discipliner, de me mettre la main dessus. Alors je faisais le boulot d'accord, mais à ma façon. Je ne voulais pas le faire à la façon des autres. Je ne voulais pas qu'on me canalise comme ça. Je supportais mal. Alors, quand ça ne me plaisait pas, je partais. »

Jacques Chancel : « Lino avait un système d'autodéfense qui lui venait du fond des âges. Il a dû être élevé comme ça, il a dû beaucoup lutter pour réussir ce qui, très certainement, lui a donné ce caractère de teigneux. Parce que lorsqu'il ne voulait pas faire quelque chose, il fallait *se le faire* ! »

LINO : « Et puis il y a eu la période autodidacte. Alors là, ça a été des caisses et des caisses de bouquins que j'ai avalés et c'est formidable de les ingurgiter comme ça parce que... comme ce n'était pas une obligation, j'étais complètement disponible et ouvert. Je le faisais par désir et non par discipline. Alors c'était fantastique. »

LINO : « Quant à ma mère, elle m'a éduqué comme elle a pu. Il faut dire que je ne lui ai pas donné beaucoup l'occasion de m'élever. L'éducation que j'ai reçue, elle est un peu spéciale parce que j'ai reçu l'éducation de la vie, car je me suis retrouvé face à la vie tout seul, très jeune. Mais je ne m'étends pas en pleurs sur mon passé, je ne suis pas du tout en train de faire vibrer des violons, ce n'est pas ça... C'est vrai que ce sont des périodes qui m'ont marqué... Pas mal d'ailleurs, mais je n'ai aucune amertume, je ne regrette rien, la vie m'a ainsi fait. »

José Giovanni : « Lino vivait dans la rue et il a commencé à travailler à huit ans. Il m'a raconté que son tout premier boulot, cela avait été de nettoyer, dans les lavoirs des arrière-cours, les bouteilles de préparation que les pharmaciens utilisaient. Tu vois un peu le travail !
Donc... Tu ne pouvais pas lui apprendre grand-chose sur l'être humain.
Il connaissait très bien. »

LINO : « **Je suis un enfant de la rue et c'est une très belle école...**
C'est peut-être ce qui m'a donné ce caractère indépendant, ce foutu caractère dont on m'affuble... Peut-être. Sans doute... »

Lino avait le souvenir de sa misère. Et au tréfonds de lui-même, il a toujours eu peur d'y retomber.

Les Misérables - 1982

Robert Hossein : « Lino ne joue pas Jean Valjean, il est Jean Valjean. »

Un lutteur à la trempe de champion

J'ai fait de la lutte gréco-romaine qui est une grande école d'humilité, une antichambre rêvée pour un futur acteur.
C'est un endroit où vous ne pouvez pas dire Moi je sans qu'on vous réponde Fais voir !

LINO : « J'ai eu une sauvegarde extraordinaire dans ma vie qui a été le sport ! »

Odette Ventura : « Dès son plus jeune âge, Lino a été livré à lui-même. Et comme il a toujours été curieux de tout, son univers étant la rue, tout pouvait lui arriver : les bonnes comme les mauvaises rencontres. Les gens bien comme les mauvais garçons. La grande chance qu'a eue Lino, c'est que, depuis tout petit, il avait une passion : le sport. Et comme beaucoup de gamins de son âge, il allait tous les soirs dans une salle de son quartier pour se défouler. Là, il a croisé des sportifs professionnels, des lutteurs qui l'ont pris sous leurs ailes et qui l'ont poussé à faire de la lutte gréco-romaine, un sport merveilleux qui vous apprend à savoir tomber avec dignité et à vous relever avec humilité. Et Lino a toujours dit qu'il devait beaucoup à cette discipline... »

LINO : « Je dois beaucoup au sport. Parce que d'abord, je pense, ça vous fait aborder la vie d'une autre façon, ça vous donne une mentalité un peu différente. Disons que cela vous donne peut-être un peu plus une mentalité de battant.
J'ai fait de la lutte gréco-romaine qui est une grande école d'humilité, une antichambre rêvée pour un futur acteur.
C'est un endroit où vous ne pouvez pas dire *Moi je* sans qu'on vous réponde *Fais voir !*
Il s'y trouve toujours quelqu'un pour vous mettre la tête au carré !
Parce que là, vous n'avez aucune excuse.
Vous êtes sur un tapis avec un adversaire devant vous ; il n'y a pas le vent, le terrain glissant, la pluie, la température... Non ! Là, vous êtes devant un type, vous êtes seul.
Et quand vous vous retrouvez bien à plat sur les épaules, c'est que l'autre vous y a collé et qu'il a été meilleur. C'est tout. Bon, eh bien là, vous vous relevez, vous lui serrez la main, vous dites merci et vous allez vous rhabiller ! Là, il n'y a aucune excuse et croyez-moi, ça vous fait réfléchir ! »

78 RUE DE RIVOLI
PARIS . ARCH. 05-16
Lino VENTURA
CHAMPION D'ITALIE
MANAGER AL ARNAUD

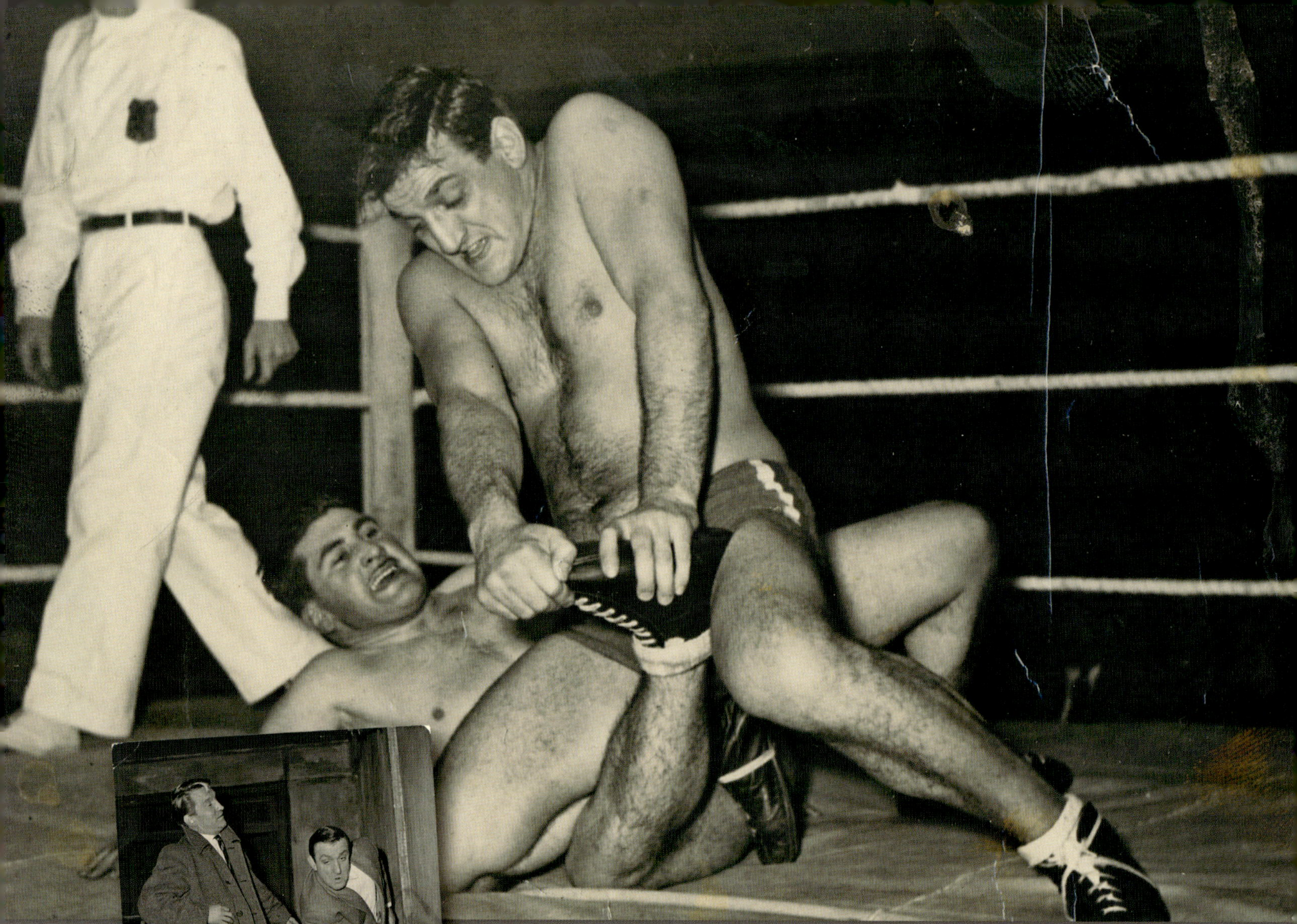

NON au chiqué,
il faut être VRAI,
Monsieur.

« **Chiqué !** hurla ce soir de 1950, le populo du Cirque d'Hiver. On en était à la troisième reprise du combat et, sur le ring, le mec Ventura s'expliquait avec Henri Cogan, dit « L'Assommoir », dit « Ventre d'acier ». Chiqué ? Ils vont voir !
Lino expédie le copain Henri qui roule-boule, se relève. Un chassé, une manchette, un jeté et Lino se retrouve atterrissant de l'autre côté des cordes avec une double fracture ouverte à la jambe droite. Adieu le catch, le « circus », les litres de sueur répandus sur les tapis et les gnons donnés ou reçus. À l'hôpital, il sourit à Cogan : « *Dis-donc, Riri, tu m'as arrangé...* », « *C'est toi qui m'es rentré dedans !* », « *Je sais, c'est "chiqué !" qui m'a excité. Je t'en veux pas.* » Tout Ventura est là, toute sa vie et la clef de ses comportements : NON au chiqué, « Il faut être VRAI, Monsieur ».

José Giovanni : « Quand Lino acceptait un rôle, il venait sur le tournage exactement comme quand il allait sur un ring. Il me disait : « *Moi, tu comprends, je monte sur un ring, je franchis les cordes sous les lumières avec la prétention de battre mon adversaire.*

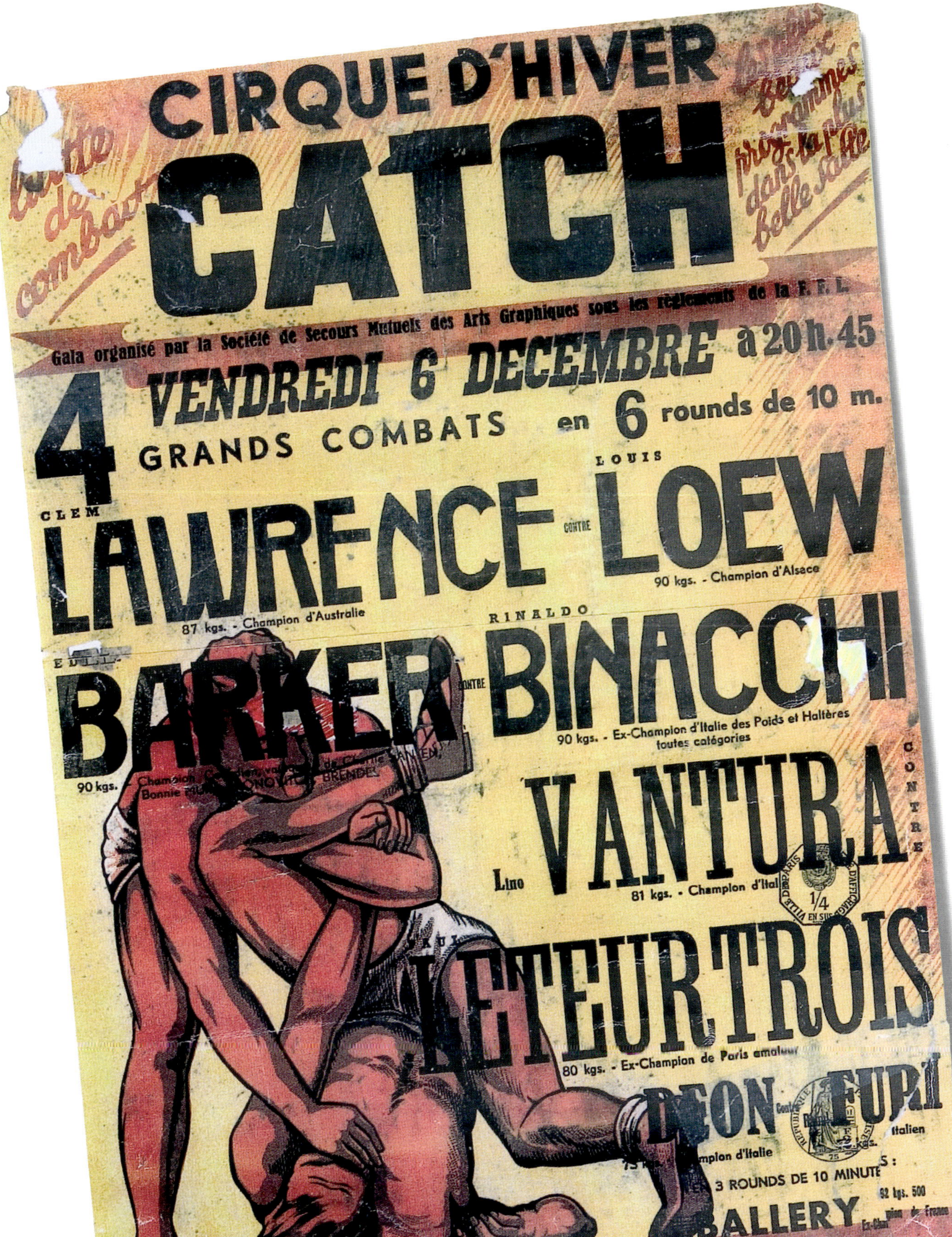

Vous avez dit VANTURA ?... non, VENTURA : V-E-N-T-U-R-A

Le Gorille vous salue bien -
1958

l'agent qui n'êtes plus salué, un mauvais camarade. Voilà !

(1) Rassurez-vous, on ne nous manque jamais. Au contraire !...

Paris. Jour 16 octobre 63

IL AURAIT PU ÊTRE CHAMPION DU MONDE

Cette photo est une pièce à conviction. Pas de doute : la musculature de Lino Ventura, la « bête » du cinéma français, ne doit rien à la « gonflette ». Ce document est vieux d'une dizaine d'années. C'est un de ces portraits classiques comme on en trouve dans les salles d'entraînement des vedettes de la boxe et du catch.

La légende précise : Lino Ventura « champion d'Italie ».

C'est dans un gymnase de la rue des Martyrs que ce cliché vient d'être retrouvé. Il avait été épinglé au mur en 1954 par un manager qui fait autorité dans le monde du catch, M. Delavy (en médaillon).

M. Delavy était prêt à jurer, à l'époque où il « couvait » Ventura, que son poulain finirait champion du monde toutes catégories.

Le cinéma a mis fin à une carrière qui promettait d'être éblouissante.

Mais, ça ne fait rien, on sait maintenant pourquoi le « Gorille » encaisse et rend si bien les coups, sous les caméras.

Si je ne suis pas entraîné, qu'est-ce qui va m'attendre ?... Des coups et des sifflets ! Et je me déshonore. »

C'est pour ça que Lino ne venait devant une caméra que si son personnage avec toutes les chances de gagner le pari ! »

Francis Veber : « Lino a appris sûrement une chose en faisant du catch et de la lutte, c'est le public. Parce que ce public est impitoyable ! Et Lino a eu un contact avec lui comme peu d'acteurs de cinéma peuvent l'avoir en direct... »

LINO : « **Le sport fait partie pour moi de quelque chose de nécessaire.** J'ai été élevé dans le sport, j'ai fait du sport toute ma vie. C'est un dérivatif très important, c'est une joie et si, demain, je ne pouvais plus en faire, je pense que je serais très malheureux. »

LINO : « Il ne s'agit pas uniquement d'avoir des qualités physiques, des qualités athlétiques pour être un grand champion.
Pour moi, ce qui caractérise un grand champion c'est avant tout d'avoir des qualités morales.
La loyauté est quelque chose d'important. Et je déplore sincèrement les mauvais gestes au cours de certains matchs de la part de pas mal de joueurs. Lorsqu'on a l'honneur, la grande chance de porter l'écusson d'une équipe, quelle qu'elle soit, on n'a pas le droit d'avoir un mauvais comportement.
On n'a pas le droit parce que je trouve que ces hommes sont, pour toute une partie de la jeunesse, des demi-dieux et qu'ils se doivent de donner l'exemple.
C'est tout ! »

Le sport fait partie pour moi de quelque chose de nécessaire.

Pour moi, ce qui caractérise un grand champion c'est avant tout d'avoir des qualités morales.

STADE FRANCAIS

j'ai eu une sauvegarde extraordinaire dans ma vie qui a été le sport !

Sur le tournage : Les Durs - 1974

séquence3

Acteur par hasard ?

Je n'avais aucune vue sur le métier d'acteur. Mon arrivée s'est passée autour d'un malentendu…

LINO : « Je n'avais aucune vue sur le métier d'acteur. Mon arrivée s'est passée autour d'un malentendu...
J'avais un ami, à l'époque, qui était co-producteur de ***Touchez pas au grisbi***, mais je ne le savais pas, et qui a parlé de moi à Jacques Becker. Il cherchait un Italien pour un rôle. Et c'est Marc Maurette, son assistant, qui m'a téléphoné pour me demander si je voulais le rencontrer. Je m'occupais alors d'organisation sportive au Palais des Sports car, ayant terminé ma carrière sur un accident, je ne pratiquais plus. Je suis donc allé au rendez-vous en apportant dans ma serviette une vingtaine de photos d'athlètes, de boxeurs et de lutteurs, croyant qu'il s'agissait d'une manifestation sportive pour une figuration au cinéma. Jacques Becker n'était pas là et Marc Maurette me dit : « *Ce n'est pas du tout ça, c'est vous qu'on veut voir, est-ce que vous voulez faire du cinéma ?* » J'ai dit non et je suis reparti. Puis, trois jours après, Becker est venu chez moi et il m'a dit :
« *Voilà, il faut que vous me fassiez ce film* ».
Comme je ne voulais toujours rien entendre, il m'a demandé : « *Pourquoi ?* » et je lui ai répondu : « *Parce que si je vous proposais un combat de boxe à la salle Wagram avec Marcel Carné, qu'est-ce que vous répondriez ?* » Il a insisté, j'ai encore dit non et puis me voilà !... »

Odette Ventura : « L'assistant de Becker avait donné un texte à Lino pour passer les essais. Je dois dire que je n'ai jamais vu mon bonhomme y jeter un œil, ni rien. Et quand il est parti le matin pour faire son bout d'essai, il m'a dit : « *Ne t'en fais pas ma chérie, je suis là dans cinq minutes !* » Mais il est parti très décontracté, c'est tout juste s'il n'y est pas allé en survêtement !
Quand il est revenu, je le revois encore... Il avait son petit sourire en coin, je lui ai demandé : « *Alors ?* » et il m'a juste répondu : « *Il paraît que je suis génial !* »

e gorille
vous salue bien
UN FILM DE BERNARD BORDERIE
Franscope

Daniel Cauchy : « Quand Becker a dit à Robert Dorfmann, producteur du Grisbi : *« Ça y est, j'ai vu ce Lino Ventura, c'est lui que je veux pour jouer le rôle d'Angelo, j'ai fait les essais, il est formidable, il n'y a pas de problème, c'est lui ! »* Lino est allé au bureau de Dorfmann aux Champs-Élysées - le bureau de Dorfmann était tout au fond d'un couloir qui donnait sur une immense entrée - et Robert a commencé à lui parler du film, de Gabin et... de finance. Là, Lino l'a très vite arrêté en lui disant : « *Écoutez Monsieur, je vous comprends très bien, mais moi je gagne bien ma vie et si vous me voulez c'est tant. Point.* » Comme il demandait près d'un million d'anciens francs, ce qui était énorme, Dorfmann lui a fait : « *Quand même, vous êtes gentil, mais vous n'êtes qu'un débutant, ce n'est pas possible, vous ne vous rendez pas compte...* » et Lino, sans bluff ni rien, vraiment sincère lui a répondu : « *Je vous comprends très bien, mais moi, cela ne m'intéresse pas, parce que j'ai d'autres choses à faire, alors au revoir !* » Et là-dessus Lino est parti...
Il est parti et il a laissé la porte du bureau ouverte. Dorfmann a vu alors ce type, de dos, s'éloigner et là il s'est dit : « *Mince alors ! Il ne faut pas que je le laisse filer celui là. Il a raison, Becker. Où est-ce qu'on va aller trouver* ***ça*** *?* » Et il a rattrapé Lino dans le couloir. »

LINO : « Le premier jour où je suis allé au studio pour tourner, je n'avais jamais mis les pieds sur un plateau. Je suis parti avec une intention absolument ridicule d'ailleurs qui était une réaction de self-défense, de timidité peut-être... Enfin en peu de mots cela voulait dire ceci :
« *Je vais au studio mais le premier qui m'emmer... eh bien... je lui casse la tête et je reviens à la maison !* » Pourquoi est-ce que j'ai pensé ça ? Je ne sais pas. C'était complètement idiot... Bref, je suis arrivé avec ma valise à la main et j'ai exigé de voir Monsieur Gabin. Et on m'a répondu : « *Eh bien, écoutez, vous le verrez tout à l'heure sur le plateau !* » et j'ai dit : « *Non, moi je veux le voir tout de suite.* » Tout le monde se demandait un peu paniqué pourquoi cet inconnu voulait voir Jean Gabin.

Touchez pas au grisbi - 1954

Personne n'osait m'amener à sa loge. Et puis je suis tombé sur un inconscient qui ne se rendait pas compte de ce qu'il allait faire ; Jean Becker, le fils de Jacques, jeune stagiaire à l'époque, qui m'a amené à la loge de Jean. Quand j'y suis rentré, Gabin était à côté et on lui a dit : « *C'est Monsieur Ventura qui veut vous voir.* » Et Jean est arrivé vers moi en me tendant la main - il ne m'a jamais demandé pourquoi je voulais le voir - et il m'a simplement dit ces mots :
« *Ça va ?* » Je lui ai dit : « *Ça va très bien !* » Il m'a dit : « *Bon. À tout à l'heure !* » et je lui ai répondu : « *Ben c'est ça, à tout à l'heure* ». Voilà !... Et je sais que si Jean Gabin ne m'avait pas reçu, je serai reparti et je n'aurais jamais fait de cinéma. Voilà à quoi ça tient ! Ça peut paraître très étrange ce que je raconte mais je peux vous assurer que c'est la vérité. »

Jean Gabin : « J'avais vu l'essai que Lino avait fait. Becker me l'avait montré et je l'avais trouvé extraordinaire ! Lino avait une présence et une personnalité terribles et j'ai demandé : « *Mais qui est ce gars-là, où l'as-tu déniché ?* » et Becker de me dire : « *C'est un catcheur.* » Je lui ai dit : « *Ben mon vieux ! Il a une drôle de personnalité !* » C'est comme ça que Lino a commencé à faire du cinéma et depuis nous sommes restés de très grands amis. »

Avec Jean Gabin dans Razzia sur la chnouf - 1955

LINO : « Je me suis donc retrouvé devant une caméra pour faire ce film et je n'en avais pas besoin à l'époque. Je n'attendais pas après ça. Ma vie n'en dépendait pas. La vie est comme ça... Des fois elle est cruelle, des fois elle est ridicule mais... je n'en avais pas besoin alors ça a marché et je suis sûr que si, à cette époque-là, j'en avais eu besoin, ça n'aurait pas marché ! »

LINO : « Qu'est-ce que j'aurais fait si je n'avais pas fait de cinéma ? Je ne sais pas. J'aurais sans doute continué dans les affaires. Dans le sport. Je croyais que ***Touchez pas au grisbi*** serait un simple épisode et après le tournage du film, j'ai recommencé à travailler avec Odette, ma femme. Je n'attachais pas grande importance à ce qui m'arrivait. Puis on me fit une seconde, puis une troisième offre. On m'appelait, je tournais. Puis je rentrais chez moi faire autre chose. Je n'y croyais pas vraiment, au cinéma. Ça a duré cinq ans avant que je fasse vraiment ce métier. »

Odette Ventura : « Sa vraie chance, Lino, c'est d'avoir tourné avec Becker à ses débuts car c'était un metteur en scène qui aimait les acteurs et qui savait les écouter. Sur ***Touchez pas au grisbi***, Becker lui avait dit : « *De toute manière, Lino, fais ce que tu as envie de faire !* » Ce fut formidable et ça lui a donné un peu confiance en lui car Lino était convaincu qu'on n'allait pas le prendre au sérieux. C'est pour ça qu'il avait pris, comme pseudo pour le film, le nom de jeune fille de sa mère, Borrini. »

Gilles Grangier : « Gabin avait sa petite bande. Ventura en faisait partie. Jean a eu le coup de foudre pour Lino sur le Grisbi et peu après, il m'avait dit : « *Dis-donc, le Becker, il a trouvé un Rital, faut se le faire. Il faut que tu le voies.* » Lino était convaincu qu'on allait se foutre de sa gueule comme acteur.

Avec Yvonne la sœur de ma mère dans leur affaire de layette en 1955

Mais il a eu la chance de commencer sur le Grisbi avec Gabin en face... Tous les deux s'entendaient comme larrons en foire. Lino n'a fait aucune espèce de courbette, même s'il était en admiration devant Gabin. Il chahutait Gabin de façon très adroite, et l'autre rigolait. Pourtant le Vieux était parfois une vraie tête de lard ! »

Michel Audiard : « J'étais allé voir Gabin sur le plateau et puis j'ai vu cet acteur qu'on ne connaissait pas du tout puisqu'il n'était pas acteur, il sortait du catch. C'est Becker qui l'avait découvert et le voyant tourner, il m'avait assez impressionné, surtout devant Gabin, il fallait quand même faire le poids. Vous savez, je crois que c'est ça au fond une future vedette, on la remarque tout de suite. Et c'est très simple, **après la sortie du Grisbi, dans le métier, on parlait, on disait toujours : « *Mais dis donc, le mec qui joue avec Gabin dans le Grisbi, le carré, là* ». Personne ne savait son nom, mais tout le monde l'avait remarqué !** »

Personne ne savait son nom, mais tout le monde l'avait remarqué !

*Son regard grave, direct se transformait souvent en une douceur délicate.
Son charme était un mélange de force et d'humour, d'instinct et de sensibilité.
Lino avait une bonté fulgurante qui faisait craquer les plus obstinés.*

Jean Gabin : « **La présence au cinéma, ça ne s'explique pas !** Vous pouvez avoir des gens qui ont énormément de talent mais qui, hélas, n'ont ni la présence ni la personnalité et ça je pense qu'il faut être touché des dieux, comme on dit. Mais cela ne s'apprend pas ! »

Pierre Granier-Deferre : « Lino avait une qualité indéfinissable... Une espèce d'*absence présente* sans arrêt, une espèce de poids même dans l'immobilisme, même dans la façon de tourner un peu le dos à la caméra, ce qu'il faisait souvent du reste. Lino n'aimait pas qu'on le filme non stop. Sur ***Adieu poulet***, il m'arrivait même de lui dire : « *Écoute, j'aimerais t'avoir un peu dans le film !* » Et même s'il supportait très bien les gros plans, qu'il faisait formidablement d'ailleurs, il se mettait en retrait. Je ne sais pas s'il était comme ça avec Giovanni ou Verneuil, mais avec moi il était toujours un peu en réserve comme s'il attendait la connerie que j'allais probablement faire. Au début, cela m'avait mis mal à l'aise et puis je me suis aperçu très vite que cette espèce de retrait qu'il avait, lui donnait une puissance et une présence extraordinaires. »

Denys de La Patellière : « La grande présence et tout le charme de Lino, pour moi, c'est cette distance qu'il y a entre son fabuleux regard d'enfant et sa corpulence. En fait, il avait un physique de brute avec un regard d'ange. C'est formidable, ça ! »

Claude Sautet : « On pourrait dire que dès le début, Lino avait déjà tous les charmes qu'il a eus toute sa vie. Avec cette voix sourde, ce côté assez calme et cette impression de force d'ancien lutteur qu'il était. Instinctivement, il savait faire peur, être doux et nous émouvoir. Il avait déjà ce sens de l'alternance du comédien, mais c'était sa nature. »

Christian Fechner : « Lino est unique. Il ne ressemblait à aucun acteur de sa génération et aujourd'hui encore, personne ne peut lui être comparé. Il n'y en a pas deux qui aient, comme lui, à la fois cette force, cette émotion et ce côté félin. Cette harmonie... Toute la magie de Lino ! »

La présence au cinéma, ça ne s'explique pas !

séquence4

Un dur, un truand, une gâchette

Le Deuxième Souffle - 1966

LINO : « Très peu de gens me connaissent. À mes débuts, certains producteurs ont même été très étonnés - et un peu déçus j'imagine - de voir que je ne signais pas mes contrats d'une croix, que je n'avais pas quatre filles à moi du côté de la Madeleine et que le coffre de ma voiture ne recelait pas cinquante kilos de cocaïne !
Parce que j'ai été champion d'Europe de lutte et que ma carrière cinématographique a démarré sous le signe du *Gorille*, les gens m'imaginent comme une sorte d'homme des bois, vêtu de peau de bête ! Il y en a même qui se croient obligés de me parler argot avec un ton gouailleur comme si je ne parlais pas autrement. »

Très peu de gens me connaissent. À mes débuts, certains producteurs ont même été très étonnés - et un peu déçus j'imagine - de voir que je ne signais pas mes contrats d'une croix...

LINO : « Je suis très heureux d'avoir tourné ***Le gorille vous salue bien***. Très heureux parce que c'est un film qui m'a permis d'avoir le pied à l'étrier, mais je ne veux plus en faire. J'ai mes raisons pour ça. Est-ce que j'ai tort, est-ce que j'ai raison ? L'avenir nous le dira. Je ne veux pas sauter tout de suite dans un salon Louis XV avec des bonbonnières et une perruque non, ce n'est pas ça ! Mais faire ce genre uniquement, non ! »

Jean-Claude Carrière : « Comme beaucoup d'acteurs qui se sont en quelque sorte identifiés à leur personnage, Lino avait un rapport étroit avec ce personnage et un rapport difficile avec le Lino Ventura de l'écran. **Et comme toujours, quand on est au faîte du succès, avec un certain type de héros, on en vient à se demander si le personnage ne vous a pas volé quelque chose à votre insu. S'il n'est pas devenu autre chose que vous-même.** Et vous avez envie d'utiliser cette qualité, cette renommée, ce succès qui est le vôtre, pour montrer autre chose de vous, pour jouer d'autres rôles que de répéter inlassablement ou le gangster abattu à la fin ou le policier. Et c'était son problème parce qu'il avait vraiment une image très reconnaissable, très forte, très présente.
J'ai connu beaucoup de cas comme ça, comme Delphine Seyrig luttant contre son image de vamp fatale aux cheveux blonds ; Lino, lui, luttait contre son image de gros dur, d'homme qui encaisse tout, qui est très fort physiquement. Par exemple il n'aimait pas du tout les scènes de bagarre. Dès qu'on lui écrivait une scène

CHARLES VANEL PIERRE DUX BELLA DARVI et "LE GORILLE" dans un film de
le gorille vou

Le fauve est lâché - 1959

Ce qui était frappant chez lui comme acteur, outre ce dont on a beaucoup parlé au début de sa carrière, comme sa puissance, sa vigueur, sa force, c'était son humanité.

où il devait cogner, se débarrasser de deux ou trois adversaires, il détestait ça et il disait : « *Non, ça c'est le cliché Lino Ventura et je n'en veux pas* », et il avait absolument raison. Il a toujours été très conscient de ça et il s'est toujours bien gardé de tomber dans ce cliché. »

LINO : « Je suis cantonné au dur au cœur tendre et avec ***Le fauve est lâché*** aux hommes d'action. Avant c'étaient les grands méchants, je souhaite profondément que ça commence enfin à dévier vers un côté plus humain. »

Jean-Claude Carrière : « Ce qui était frappant chez lui comme acteur, outre ce dont on a beaucoup parlé au début de sa carrière, comme sa puissance, sa vigueur, sa force, c'était son humanité. Et Lino a su très vite se dégager de cette image de gorille, de catcheur. Très vite, il n'a plus été le *super casseur gangster schématique* de ses débuts pour devenir un acteur beaucoup plus sensible et beaucoup plus proche de nous. »

Édouard Molinaro : « C'est sa stature uniquement qui le conduisait vers ces rôles de durs. Mais je l'ai bien connu et c'était quelqu'un de très tendre qui détestait la violence. »

Le rouge est mis - 1957

Au cinéma, c'est l'occasion qui fait le larron.

Odette Ventura : « Lino, sa première expression au cinéma a été la violence, mais c'était bien malgré lui. Pour beaucoup de monde, Ventura c'était le type qui piquait des colères, tapait sur tout ce qui bouge et cassait les décors. Même si Lino ne trouvait pas ça très intéressant, ce personnage lui collait à la peau. Il est vrai que, quand il jouait la colère, on avait l'impression qu'il l'était vraiment. Très vite, je n'ai pas pu m'empêcher de lui dire : « *Dis donc, tu ne trouves pas que tu gueules un peu trop par rapport à ce qui vient de se passer ?* » Jusqu'au jour où je l'ai vu renverser une voiture à bout de bras ! Alors là, je lui ai dit : « *Tu ne penses pas que trop c'est trop ?* » En plus, je n'y croyais pas une seule seconde. Il ne me faisait pas peur du tout et je dois avouer que je trouvais qu'il était, à la limite, ridicule. Je ne comprenais même pas que les gens puissent avoir peur. Quand j'ai vu mon bonhomme en assassin, déguisé en infirmier, qui allait tuer un type malade, on aurait dit un gros bouledogue à qui on aurait mis un petit bonnet. Moi je n'avais qu'une envie, c'était de pouffer de rire alors que, dans la salle, tout le monde retenait son souffle. Et là, je me suis dit qu'il se passait vraiment quelque chose avec le public, mais qui moi, m'échappait complètement. Puis il a rencontré des gens comme Claude Sautet qui l'ont libéré de cette image de bête humaine sans cervelle, en lui proposant des rôles dans lesquels il pouvait enfin commencer à faire passer ses vrais sentiments. »

Classe tous risques - 1960

LINO : « Vous savez, au cinéma, il est très difficile de diriger sa carrière avec sûreté. **Au cinéma, c'est l'occasion qui fait le larron.** Tout dépend des rôles que l'on vous offre. La seule chose que l'on peut faire, c'est de refuser des rôles qui ressemblent à ceux que l'on a déjà joués.

J'ai, à mes débuts, refusé de me cantonner dans les Gorilles parce que le danger de ce métier, c'est de se laisser coller une étiquette car vous en avez pour un bon moment... Ainsi, beaucoup de gens sont persuadés que je ne joue que des gangsters !... C'est un cliché dont on se défait très difficilement, mais je porte l'entière responsabilité de ce que je fais puisque je choisis seul mes scénarios. Vous me direz : « *Vous faites bien un gangster !* » Oui, d'accord, mais **je ne suis pas gangster. Je n'ai jamais été gangster, je n'ai jamais tué personne et je ne tuerai probablement jamais personne, tout au moins je l'espère !**

Le Deuxième Souffle - 1966

Je ne suis pas gangster.
Je n'ai jamais été gangster,
je n'ai jamais tué personne et je ne tuerai probablement jamais personne,
tout au moins je l'espère !

J'ai horreur des armes, j'ai horreur de tuer. Je ne suis pas chasseur, je serais incapable de tuer un lapin !
Les sujets de gangsters, que j'ai acceptés, m'ont plu parce que, dedans, il y avait des problèmes humains.
De toute façon, quand vous parlez de gangsters, si vous voulez bien regarder la filmographie qui me concerne, je n'en ai quand même pas fait tellement, quoi que les gens puissent penser... Mais ça a quand même marqué et ça me ravit d'ailleurs. Quand j'ai fait ***Le Deuxième Souffle*** avec Melville ou même ***Classe tous risques*** avec Claude Sautet, c'étaient des gangsters d'accord ! Ce n'est pas que j'ai une admiration sans bornes pour les gangsters, mais il y avait dedans des motivations humaines.
Le but étant aussi de démystifier et même de démythifier ces gens-là, ces prétendus héros et leur soi-disant code de l'honneur. C'est ça qui m'intéressait. Il est évident qu'on peut tourner aussi demain des gangsters affreux, des tueurs imbéciles, obtus, mais alors on entre dans un autre domaine et je ne vois pas qui ça peut intéresser parce que le tueur sanguinaire sans aucune motivation humaine derrière lui, un type qui tue comme ça, non !... Moi je sais que je ne pourrais pas le faire. Par exemple, on a voulu me faire jouer Mesrine et j'ai dit non parce que je ne voyais pas l'intérêt de tourner Mesrine, cette espèce de tueur

Le Bateau d'Émile - 1962

Le Diable et les Dix Commandements - 1962

qui se baladait avec des grenades sur lui. Puis enfin ! Je ne vois pas ce qu'il y a d'intéressant derrière Mesrine, enfin du moins en ce qui me concerne.
Et je le dis une bonne fois pour toutes ; je n'ai jamais fréquenté de truands, je suis navré ! C'est vrai que, sur quelques films, j'ai reçu l'opinion de certains, je mentirais si je disais le contraire. Mais je ne couche pas avec une mitraillette sous mon oreiller, je n'ai pas de drogue dans ma cave et je n'ai pas de liens avec la pègre parisienne ou new-yorkaise. »

Claude Sautet : « Quand on cherchait un dur, un truand, une gâchette, on se disait toujours : « *Il n'y en a qu'un, c'est Lino !* » Mais il était très séduisant Lino, il avait un grand sens de l'esthétique et il avait un humour permanent alors qu'on l'employait dans des rôles qui ne l'étaient pas à l'époque. C'est pour ça que malgré les premiers personnages qu'il a faits et qui étaient des rôles, plutôt de sales types, on a fini par s'identifier à cet homme qui cachait ses sentiments.
Et l'histoire de Lino me fait penser à celle de Bogart qui, lui aussi, a commencé par jouer les malfrats et a fini avec des personnages d'une grande densité humaine. »

Son côté gros dur, il le jouait exprès, mais il ne l'était pas.
Je crois que je vais lâcher un grand mot, mais ce qui m'intéressait chez lui : c'était sa tendresse.

LINO : « Quand j'ai commencé à faire du cinéma, j'ai rencontré des garçons autour de moi comme Sautet, Granier-Deferre, Pinoteau, Enrico qui étaient de grands assistants à l'époque et qui ont connu un autre Lino Ventura que ce démolisseur. Ce côté démolisseur m'a toujours fait rire d'ailleurs parce que je ne pense pas en être un ! Et je crois qu'ils se sont dit : « *Moi qui connais Lino, moi qui sais qui il est, le jour où je tournerai avec lui, je lui ferai faire ci ou ça* » et grâce à eux, petit à petit, j'ai fait autre chose. »

Pierre Granier-Deferre : « Je n'ai jamais pu voir Lino sous ce jour de mauvais garçon. Gabin a été ça jeune, un peu. Mais Lino, du tout. Il avait une force formidable certes, mais avec une toute autre dimension. Son côté gros dur, il le jouait exprès, mais il ne l'était pas.
Je crois que je vais lâcher un grand mot, mais ce qui m'intéressait chez lui : c'était sa tendresse. »

Quand on cherchait un dur, un truand, une gâchette, on se disait toujours : « Il n'y en a qu'un, c'est Lino ! »

séquence 5

Le cinéma en héritage

J'ai été profondément marqué par des gens comme Jean Gabin et par tout un cinéma américain d'avant-guerre. Il faut que je vous dise que je suis un passionné de cinéma, en tant que spectateur.

LINO : « **J'ai été profondément marqué par des gens comme Jean Gabin et par tout un cinéma américain d'avant-guerre. Il faut que je vous dise que je suis un passionné de cinéma, en tant que spectateur.**
Dernièrement j'ai revu pour la vingt-septième fois ***The Asphalt Jungle**** (***Quand la ville dort***), eh bien si on me disait : « *Il est programmé dans tel cinéma* », j'irai le revoir demain.
Je me souviens, quand on était jeune, on était toute une bande, on allait à l'Apollo qui existait à l'époque rue de Clichy. Ce cinéma programmait deux films par séance. Le mercredi soir, le changement de programme avait lieu à minuit. On pouvait alors pour le même prix, voir quatre films. On en sortait à trois heures du matin !... Un jour, j'ai même battu un record, j'ai vu huit films en une journée !
On allait aussi au Studio 28, aux Agriculteurs, à la Gaîté-Rochechouart, aux Ursulines, des cinémas qui étaient toujours un petit peu en avance sur le reste. »

**The Asphalt Jungle* : film américain de John Huston de 1950

José Giovanni : « Lino disait qu'il avait fait son conservatoire avec Bogart, Mitchum, Fonda dans les films noirs des années 30. Énormément influencé par eux, il a compris que le bon fonctionnement d'un film dépendait de la crédibilité des acteurs. »

Je n'ai fait aucun conservatoire. On m'a pris comme j'étais.

LINO : « J'ai toujours eu une admiration sans bornes pour Spencer Tracy, Henry Fonda, Humphrey Bogart... Vous savez quand vous êtes môme, vous avez besoin comme ça... de références.
C'est vrai qu'à 12 ans j'étais tellement fasciné par la démarche de James Cagney que je passais des heures à l'imiter. J'avais même été jusqu'à acheter une cravate à pois comme celle que Gabin portait dans ***Pépé le Moko***, vous voyez un peu ! »

André Halimi : « Ventura voua une grande admiration à ces monstres du cinéma américain. Et peut-être a-t-il trouvé dans les grands classiques de cette époque le secret de sa célèbre présence sur l'écran. Il serait donc faux et simpliste de penser que Lino Ventura est passé, sans rien comprendre, des hurlements de la salle Wagram au ronronnement des caméras. »

LINO : « **Je n'ai fait aucun conservatoire. On m'a pris comme j'étais.** Il faut bien parce que ce n'est pas maintenant que je vais changer de toute façon.
Vous savez, **il y aurait beaucoup à dire, je crois, sur le fait d'apprendre la comédie.**
Je me suis toujours promis d'aller dans un cours, un jour, pour voir comment ça se passe. Je conçois très bien qu'il faille apprendre pour arriver à déclamer des vers sur la scène de la Comédie-Française pendant des heures sur un certain rythme tout en étant naturel, mais moi, **je comprends mal comment d'un seul coup, on peut prendre n'importe qui et dire :** « *Je vais vous apprendre à jouer la comédie.* » Si vous avez quelque chose en vous peut-être qu'on peut le perfectionner, mais **si vous n'avez pas une prédisposition quelconque qui vous amène à ça, je ne vois pas comment c'est possible.** »

Spencer Tracy

James Cagney

Henry Fonda

Spencer Tracy

Le métier d'acteur ne s'apprend pas : ou on est doué ou on ne l'est pas. Lino Ventura, par exemple, n'a jamais appris à dire un texte, mais il le dit mieux que personne.

James Cagney

Humphrey Bogart

Lino, on te l'a envoyé en pleine gueule et puis voilà, tu l'as reçu et il est resté.

Daniel Cauchy : « Lino, ce n'est pas un petit acteur qui a commencé à 18 ans à prendre des cours et à faire des petits trucs par-ci par-là. Il n'a jamais été un jeune premier. Non. Lino, il a eu une vie avant le cinéma. Il était déjà fait. Les autres, tu les vois, ils ont 20, 25, 30 ans, ils vieillissent plutôt bien, plutôt mal, ils ont *des trouilles*... Lino, lui, il est arrivé dans ce milieu avec son vécu, sa stature, sa gueule, sa force intérieure, son charisme. **Lino, on te l'a envoyé en pleine gueule et puis voilà, tu l'as reçu et il est resté.** »

LINO : « Vous savez, un jour, Melville m'a dit une phrase assez extraordinaire : « **Tu as appris ton métier à l'Apollo** ».
Lui aussi faisait partie de cette bande qui se nourrissait de ce cinéma. Je ne l'ai pas connu à ce moment-là. Mais beaucoup d'entre nous ont fréquenté à l'époque les mêmes endroits sans que nous nous connaissions. »

Jean-Pierre Melville : « Le métier d'acteur ne s'apprend pas : ou on est doué ou on ne l'est pas. Lino Ventura, par exemple, n'a jamais appris à dire un texte, mais il le dit mieux que personne. »

Humphrey Bogart

séquence6

De l'instinct au personnage

Entre le personnage que l'on choisit d'interpréter et soi-même, il y a forcément des racines communes qui s'entrecroisent.

LINO : « **J'essaye de me rapprocher le plus possible de ce qui peut correspondre à ma nature car je ne me considère pas comme un acteur. Ce n'est pas du tout un numéro de fausse modestie pour qu'on me réponde : « *Mais si, vous êtes un acteur !* » Pas du tout.** »

José Giovanni : « **Lino n'est pas un comédien. C'est un acteur naturel.** Il y a des choses qu'il ne pourra pas jouer ; ce n'est pas qu'il n'aurait pas le talent de les faire, mais ce sont des choses dans lesquelles il ne se projette pas. »

La Loi des rues - 1956

LINO : « Pour moi, un acteur c'est un Monsieur comme Lawrence Olivier qui peut être un jour Richard III, et le lendemain Armand Duval, à genoux dans ***La Dame aux camélias***. Ça, c'est un acteur ! Moi, je sais que je suis incapable de le faire. Je veux dire que je ne me vois ni en armure ni au pied d'une dame avec un bouquet de violettes ! Voilà. »

Lino n'est pas un comédien. C'est un acteur naturel.

Jean-Pierre Melville : « Lino part d'un principe qui est faux. Il dit qu'il connaît ses limites. C'est faux. Il ne les connaît pas du tout. Il s'imagine ne pas être un acteur. Il croit qu'il dit juste comme ça par l'opération du Saint-Esprit et qu'il ne faut pas lui demander des choses trop particulières. Or je suis intimement persuadé qu'on peut lui demander TOUT ! »

Claude Lelouch : « Tout est possible avec Lino. Simplement il est comme une formule 1. Ces mécaniques-là ne se manient pas comme les autres voitures. La moindre faute de conduite, et c'est l'accident. En revanche, on peut leur demander le maximum. Bien menées, elles gagnent ! »

LINO : « Entre le personnage que l'on choisit d'interpréter et soi-même, il y a forcément des racines communes qui s'entrecroisent. »

Claude Pinoteau : « Lino, c'est une personnalité tellement forte qu'il n'accepterait pas un rôle si ce rôle ne venait pas à lui. C'est un acteur d'instinct. Il ne fait pas de compromis avec le personnage. Ou il refuse le rôle ou il l'accepte, et alors il faut qu'il y ait des affinités entre lui et ce personnage mais bien au-delà du film. Lino est un homme très rigoureux et l'on retrouve cette rigueur dans le choix de ses rôles qui doivent être conformes à une certaine philosophie qu'il a lui-même de sa vie. Il a besoin d'être fier de lui, d'avoir une certaine cohérence dans ce qu'il fait. »

LINO : « Dès le départ, si on me propose un certain rôle, je ne me tourmente pas pour savoir si oui ou non je vais le jouer. Moi je sais que je le pourrai ou bien je sais que je ne le pourrai pas et je ne le fais pas. Ce sont des critères à moi fondés sur l'instinct mais... On ne peut pas me forcer à faire ce que je n'ai pas envie de faire. Ce n'est pas possible. »

L'Opéra de quat'sous - 1962

Sur le tournage :
Cent mille dollars
au soleil - 1963

Classe tous risques - 1960

Le Bateau d'Émile - 1962

Le Jugement dernier - 1962

Les Petits Matins - 1962

LINO : « À partir du moment où je ne crois pas en quelque chose, je suis très mauvais donc il vaut mieux que je ne le fasse pas... Autrement dit, je suis un ***testard***, un têtu, un obtus, une tête de cochon, si vous préférez. »

Norbert Saada : « Lino devait faire ***La Chèvre*** avec Francis Veber. Moi, j'avais lu le scénario et j'avais trouvé que ce rôle de détective privé lui allait comme un gant.
Les pourparlers de contrat étaient bien entamés quand, un matin, Lino m'appelle et me dit : « *Je ne sais pas comment je vais le dire à Alain* (Poiré, producteur du film), *je ne vais pas faire le film* ». Je n'en revenais pas : « *Pourquoi tu ne veux pas faire le film ? C'est vraiment pour toi et en plus ça va casser la baraque !* » Et en fait, il a eu peur. Il a eu peur que Pierre Richard fasse le pitre et il m'a dit : « *Tu comprends, il va faire ses grimaces derrière moi, je ne vais pas pouvoir répondre, je vais être ridicule !* » et je lui ai dit : « *Écoute, Lino, le comique est fondé sur le clown blanc et le clown noir et je te dis que plus il fera de pitreries et de grimaces, plus tu seras bien, c'est ce contraste qui est formidable !* » Alain Poiré m'a envoyé voir dix fois Lino pour le convaincre mais non, il me répondait toujours la même chose : « *J'angoisse, je vais être ridicule, je n'y crois pas, ça ne peut pas marcher !* » Il avait la trouille. Alors ils ont fini par prendre Depardieu au lieu de Lino. »

LINO : « Bien souvent, on a essayé de me faire faire des choses dont je n'avais pas envie. Par exemple, on a essayé de me faire jouer Néron. Or, à la seule pensée de me voir en péplum avec un petit ruban dans les cheveux, moi, personnellement, ça me fait éclater de rire. C'est là où je dis que je ne suis pas un acteur ! »

Les Superman m'ennuient prodigieusement. Je crois qu'ils sont trop loin de la vérité.

José Giovanni : « Quand on a proposé à Lino de jouer Néron et il m'a dit simplement ceci : « *Tu comprends, José... Moi, en jupette, je serais incapable de dire mon texte. Je ne peux pas !* » Et pourtant c'était à ses débuts et il avait besoin d'argent. »

Jean-Claude Carrière :
« Dans la mesure où Lino n'était pas un acteur de composition, il se transportait lui-même dans ses films.
C'est un acteur qui a très bien su jouer de lui-même car il était très conscient de ce qu'il était et il n'essayait pas de prétendre être autre chose.
C'est sans doute pour cela qu'il a joué beaucoup de personnages proches de lui dans la société. »

LINO : « J'ai toujours cherché à faire des films où j'étais... disons le mot... presque perdant. Parce que je trouve que c'est plus près de la réalité et j'avoue que **les Superman m'ennuient prodigieusement. Je crois qu'ils sont trop loin de la vérité.** »

Lino a réussi, ce qui est le plus difficile pour un acteur : rester un homme, un homme loin des héros inaccessibles et invincibles. Un homme proche de nous.

Jacques Deray : « La particularité et la force de Lino, c'est qu'il a réussi, ce qui est le plus difficile pour un acteur : rester un homme, un homme loin des héros inaccessibles et invincibles. Un homme proche de nous. »

LINO : « J'ai une prédilection pour les personnages solitaires, c'est vrai. Parce que les personnages solitaires sont des gens qui assument, qui sont maîtres de leur destin... Ce sont des gens qui peuvent aller jusqu'à choisir leur mort. Ce sont des hommes qui m'intéressent, qui me fascinent même parfois. »

Sur le tournage : La Fille dans la vitrine - 1960

LINO : « Tous mes personnages ont l'air monolithiques. Mais ce qui m'intéresse c'est d'avoir l'air monolithique et de ne pas l'être : qu'il y ait des failles dans le bloc. »

André Halimi : « À l'occasion de chaque film, Lino Ventura se remet en question et aborde chaque nouveau rôle avec l'humilité et la passion d'un artisan toujours en quête de perfection. »

LINO : « Si les personnages que j'ai incarnés depuis une trentaine d'années, défilaient ici, à l'instant, je crois que je pourrais sans honte leur serrer la main. Il y a des films probes, justes, jusque dans la noirceur. Il faut que subsiste la notion de bien et de mal. »

Lino fut...

Angelo, Le Catalan, Mario dit « le Sétois », Gustave, commissaire Legentil, Bérès, Pépito le gitan, Denis, Lino Ferrari, Paulo, commissaire Cherier, inspecteur Torrence, Morel, Géo Paquet dit « Le Gorille », Paul Lamiani, Borcher, Fourbieux, Carlo Bernardi, Ancelin, Pascal, Tiercelin, Abel Davos, Biamonte, Federico, brigadier Théo Dumas, Dr Challenberg, Émile Bouet, Garigny, Brown, Vincenzo, Fernand Naudin, El Lutos, Hervé Marec, Francis Lagneau, Jacques Cournot, Alphonse, Laurent, Antoine Beretto, Pascal Fabre, Gustave Menda dit « Gu », Roland, Le Rital, Philippe Gerbier, inspecteur Le Goff, Marceau Leonetti, Sagamore Noonan, Cornelius Von Zeelinga, Lino, Vito Genovese, Clément Tibère, Simon, Ralph Milan, père Charlie, Jean Douélan, Julien, commissaire principal Verjeat, inspecteur Amarigo Rogas, Roland Fériaud, inspecteur Brunel, Romain Dupré, François Quéroles, Sébastien Grenier, inspecteur Antoine Gallien, Jean Valjean, Aldo, Carlo Alberto Dalla Chiesa, Bastien Grimaldi...

séquence7

Une nature estampillée vraie

Tout l'art du cinéma consiste à être soi-même.

Douze heures d'horloge - 1959

LINO : « **Tout l'art du cinéma consiste à être très soi-même.** Jean Gabin me disait : « *Tu sais, dans le fond le plus dur c'est d'être ce que l'on est ; alors, laisse-toi aller !* » Parce que vous savez, **la caméra, cet œil de verre ; c'est quelque chose d'impitoyable, il ne vous pardonne rien, c'est ce que vous avez dedans qui compte.** »

Daniel Cauchy : « Il y a plein d'acteurs qui ont un charisme fou à l'écran et qui, dans la vie, le perdent complètement. Ils deviennent transparents. Lino, pas du tout. C'est-à-dire que ce qu'on ressentait chez lui au cinéma, Lino l'avait dans la vie. C'est pour ça que c'était un acteur extraordinaire, c'est parce qu'il était lui tout simplement. »

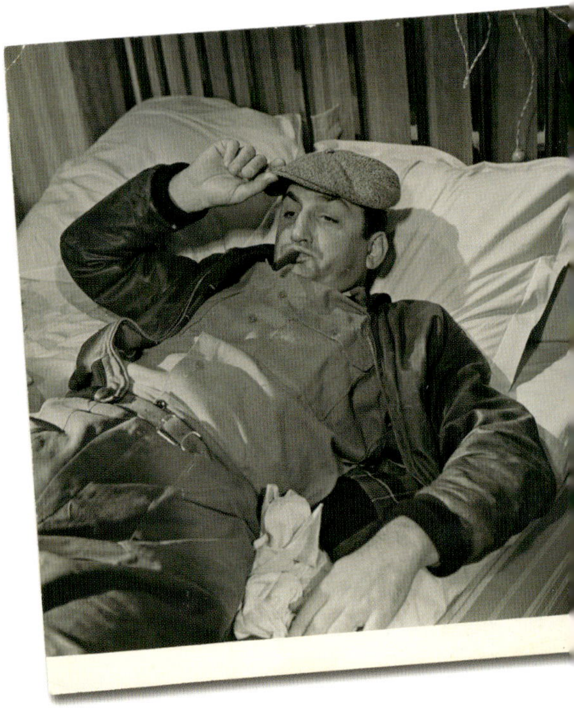

Pierre Granier-Deferre : « Lino a appris de Gabin le fait d'être toujours soi-même tout en jouant un rôle. Et même si on dit : « *Oui, mais Jean c'était toujours Gabin à l'écran !* » n'empêche que ses personnages étaient formidablement bien joués, riches et qu'effectivement il restait fidèle ce qu'il était, lui : Gabin. Et Lino est toujours allé dans cette voie-là. D'ailleurs on ne lui demandait jamais de faire un numéro de comédien. Ce n'est pas ce qui nous intéressait chez lui. Au contraire ! Pour une fois qu'on trouvait quelqu'un qui n'avait pas besoin des artifices qu'emploie le comédien, c'était formidable pour nous ! Cette vérité fulgurante sortait comme ça, dans l'instant. Vous le faisiez marcher à dix mètres et la vérité était là, il n'y avait pas besoin de lui dire : là tu butes ou là tu hésites avant de descendre. Non.
Chez Lino, Tout était estampillé Vrai. »

José Giovanni : « Même si Ventura a été à l'école de Gabin, la différence entre les deux est énorme. Tu mets Gabin dos à la caméra, parlant à des prostituées : tu as l'impression qu'il vient relever les compteurs.
Tu mets Lino, dans la même situation, tu as l'impression qu'il évangélise les filles pour qu'elles quittent ce boulot ! »

Sur le tournage : Un taxi pour Tobrouk - 1960

MARINS

Cent mille dollars
au soleil -
1964

Charles Aznavour : « On compare beaucoup Lino à Gabin, mais le personnage qui a une parenté extraordinaire avec Lino, pour moi, dans un genre tout à fait différent certes, c'est Bourvil. Toujours cette humanité dans la manière d'être, cette gentillesse dans le regard.
Et même si l'un semblait plus fort que l'autre, les deux avaient gardé beaucoup d'enfance en eux et avaient cette chose indéfinissable qui faisait qu'on aurait eu envie de les materner, de les protéger. »

Claude Pinoteau : **« Ce que je trouvais de magique chez Lino, c'est qu'il exprimait tant de choses avec une économie de moyens tout à fait extraordinaire ! »**

José Giovanni : « Lino faisait le minimum et pourtant tout passait. Tout comme Humphrey Bogart quand il pousse la porte d'un bar, il suffit de voir sa gueule pour savoir qu'il n'a pas envie de plaisanter ! C'est un truc que beaucoup d'acteurs essayent de copier, sans succès, car tout le monde ne peut pas faire passer *tout* au cinéma en faisant le minimum parce qu'au final, il n'y a rien ! »

Jean-Claude Brialy : « Lino m'impressionnait car, à chaque prise, il était tellement juste, naturel que j'étais médusé. Il avait l'air de ne rien faire, mais il faisait. Lino avait une intelligence et une sensibilité telles qu'il n'aurait pas accepté que quelqu'un lui mime ce qu'il devait faire ; il savait.
C'est pour ça, par exemple, qu'il n'aimait pas parler fort et l'ingénieur du son était parfois embêté, il lui disait : « *On ne vous entend pas, monsieur Ventura* ». Mais Lino n'aimait pas qu'on lui demande de parler plus haut parce que, pour lui, cela sonnait faux... »

Jean-Paul Belmondo : « Lino était tellement à l'aise que les deux films que j'ai faits avec lui, ***Classe tous risques*** et ***Cent mille dollars au soleil*** furent un vrai bonheur !

Bourvil et Ventura face à face dans Le Chemin des écoliers - 1959

Avec Lino, on parle dans la vie, on va devant la caméra, on a l'impression de continuer la discussion. »

Odette Ventura : **« Sa vérité, Lino la trouvait dans sa façon de se déplacer. Son équilibre, il le trouvait dans son mouvement.**
Et il osait le dire à son metteur en scène...
Quand il tournait ***Un taxi pour Tobrouk***, ils étaient cinq dans le désert et étaient tous en ligne, eh bien il y en a qu'un qui était toujours de dos, c'est Lino. Il disait : « *Dans le désert, on bivouaque, on ne peut pas être aligné comme ça face à la caméra ! Ce n'est pas possible. Non ! Moi je regrette, mais ça fait faux !* Et ça, c'est tout Lino. »

LINO : « Je n'exige rien du tout. Je donne mon point de vue. Par exemple, en ce qui me concerne, j'ai du mal à supporter qu'on me dise : « *À ce moment-là, tu prends le verre et tu bois !* » Non ! Si je ne le sens pas, il faut que je le dise parce que je sais que je ne serai pas bon. Mais ce n'est pas une exigence. Je veux dire que chacun apporte un petit grain de sable à l'histoire. »

Georges Lautner : **« Avec Lino, c'était une recherche permanente de la perfection du geste par rapport à son personnage et par rapport à lui-même.**
Je me souviens sur ***Les Tontons flingueurs***, j'étais un jeune metteur en scène. J'avais tout planifié. J'avais toute une mécanique qui me permettait d'aller vite et la première fois que je suis arrivé sur le plateau, je lui ai dit :

« J'ai connu une Polonaise qui en buvait au petit déjeuner.

Faut tout de
même admettre...
c'est plutôt une
boisson d'homme. »

Lino, c'était une nature, pas une construction...

Jouer, c'est réinventer le naturel.

« *Écoutez, vous allez de là à là, vous dites ça, vous vous retournez à ce moment-là et vous faites trois pas* » et il m'a demandé : « *Pourquoi trois ?* »
Et là, mon système a commencé à se dérégler. Et je me suis dit : « *Pourquoi ?...* »
Il n'y avait aucune raison !
Il a alors fait ses quatre pas avec tout son poids et il m'a foutu tout en l'air !
Lino m'a appris à improviser, et comme il était vraiment instinctif on avait envie de le suivre, ça sortait comme ça aussi bien dans la vie qu'en tournage, il fallait l'espionner, le suivre, l'épier.
C'était le contraire de ma méthode de jeune metteur en scène et j'ai été obligé, avec joie, de composer avec lui. »

Charles Aznavour : « Lino avait le don de trouver le geste et je me souviendrai toujours de cette scène dans ***Un taxi pour Tobrouk*** où l'on avait tous dormi par terre. Chacun se réveillait à sa manière, fausse, et lui - ça m'a beaucoup marqué - il s'est réveillé et il s'est frotté les jambes. Et je me suis rendu compte que c'était un geste que l'on a et auquel on ne pense pas.
Le grand génie de l'acteur qu'il prétendait ne pas être, c'est que le moindre geste journalier, coutumier, il le traduisait dans son jeu immédiatement.
Et ça, je suis sûr qu'il ne le travaillait pas.
Il travaillait son texte, oui, mais je ne pense pas qu'il travaillait ses gestes.
Jouer, c'est réinventer le naturel.
Lui, il ne le réinventait pas, il l'était.
C'est ça qui était formidable ! »

LINO : « Je suis plutôt un comédien d'instinct. Mais, entendons-nous bien, instinctif ne veut pas dire que je vais faire n'importe quoi d'une prise à l'autre ! »

Michel Audiard : « Quand on parle de direction d'acteurs, on me fait un peu marrer, parce que quand on a des acteurs comme Ventura, Blier ou Gabin, la direction d'acteurs ça consiste à dire *Moteur* et quand ils ont fini leur scène, à dire *Coupez* parce qu'on ne va quand même pas apprendre à jouer la comédie à ces gens-là ! Quant aux mauvais acteurs, tu peux t'échiner à mouiller la chemise, ils sont à chier de toute façon, tu comprends ! Alors la direction d'acteurs, ça me fait rire. D'accord, oui, on corrige les petits détails, on leur demande de faire ci ou ça, un peu plus petit ou un peu au-dessus. Mais on n'apprend pas à jouer la comédie aux bons comédiens ! Et aux mauvais, c'est irrécupérable ! Là-dessus, je n'ai plus d'illusion depuis longtemps. C'est pour ça que je me bats, moi, pour en avoir de bons. »

Jacques Deray : « On m'a souvent posé la question : « Comment dirige-t-on Lino Ventura ? » Je réponds qu'on ne le dirige pas, qu'il suffit de mettre un espace à sa disposition : il le remplira, l'envahira comme tous les grands acteurs. »

LINO : « Si Vadim me demande d'attaquer la réserve de Fort Knox et m'explique comment il faut s'y prendre, je me marre. En revanche, si Raoul Walsh me dit de prendre un colt et m'indique la manière de m'en servir, alors là je m'incline. Ce monsieur a fait la guerre du Mexique, il sait de quoi il parle. Ici, les metteurs en scène qui font le poids, on a vite fait de les compter. Dans l'ensemble, on manque d'air, on n'a pas le souffle. »

Alexandre Mnouchkine : « Lino n'avait pas besoin d'être dirigé, il avait un sens inné et merveilleux du jeu et il savait écouter ses partenaires. Vous savez, la majorité des comédiens jouent pour eux-mêmes et forcément on sent qu'il y a quelque chose qui cloche. Lino, lui, était d'une conscience professionnelle permanente. Quand on tournait un gros plan de son partenaire, il était là pour donner la réplique. Il ne bougeait pas, il savait très bien que si le type n'entendait pas sa voix, sa façon de parler, il ne réagirait pas comme il le devrait. **Lino ne s'intéressait pas**

uniquement à son rôle. Lino n'aimait pas *seulement* son personnage, il aimait *le Film*. Et ça c'est très important pour un comédien, et ils ne sont pas si nombreux que ça. »

LINO : « À partir du moment où on dit *moteur*, on peut me faire prendre dix-sept places différentes pour la même scène, je vous les prendrai au millimètre. »

Pierre Granier-Deferre : « Lino était une espèce de métronome extraordinaire. Quand il avait trouvé sa voie, son chemin et que le metteur en scène approuvait et le poussait là-dedans, il n'en bougeait plus. »

Pierre Granier-Deferre : « Il n'y avait pas de trucs avec Lino. Il ne savait pas du tout truquer et puis il ne le voulait pas ! Et dès le début il était comme ça.
La vérité est qu'il était prodigieusement doué, soyons justes ! Et la complicité de l'objectif et de la caméra, il l'avait de façon innée. C'est fou ! »

Jean-Claude Brialy : « Le talent de Lino, c'était de devenir quelqu'un d'autre sans qu'on s'en aperçoive. »

LINO : « On m'a dit que certains acteurs sont hantés par le besoin d'être toujours en gros plan ! C'est une aberration et, pour moi, ce ne sont pas de bons acteurs. Monsieur Spencer Tracy, qui était pour moi un modèle, Monsieur Gabin ou Monsieur Fonda n'ont jamais exigé

Je suis plutôt un comédien d'instinct. Mais, entendons-nous bien, instinctif ne veut pas dire que je vais faire n'importe quoi d'une prise à l'autre !

Le talent de Lino, c'était de devenir quelqu'un d'autre sans qu'on s'en aperçoive.

de gros plans et vous pouvez les mettre de dos, ça ne change pas grand-chose. Et je vais vous dire : si vous exigez des gros plans c'est que vous êtes un bon à rien ; car si, dans les méandres de votre cerveau, très loin, vous êtes torturé par l'idée que vous n'êtes pas face à la caméra, vous n'êtes plus disponible pour faire ce que vous avez à faire ! Donc, vous serez toujours mauvais ! Et le spectateur sentira confusément qu'il y a quelque chose qui ne va pas.
Et si vous croyez que vous allez devenir un grand acteur parce qu'on va vous faire des gros plans, pour moi, vous êtes un minable, vous êtes un malheureux ! »

LINO : **« Je vous jure sur ce que j'ai de plus sacré, que vous pouvez me faire jouer un film entièrement de dos, ça m'est complètement égal !**
Et je n'ai jamais compris pourquoi certains acteurs demandent avant de tourner : « *Je suis coupé où ?* » Je me demande à chaque fois : « *Ça change quoi ? Qu'est-ce qu'il va faire d'autre ?* » Il y a certainement des raisons à cela. Moi, je ne les connais pas. »

LINO : **« Je ne me préoccupe jamais de l'emplacement de la caméra, des objectifs, tout ça c'est le problème du réalisateur, pas le mien. Même si je sais parfaitement où elle est, je l'oublie totalement.
Vous pouvez demander à tous les gens avec lesquels je travaille, et qui le savent bien d'ailleurs, vous pouvez la mettre au plafond, à la cave, où vous voulez, ça m'est égal, je m'en fous. »**

LINO : **« Les acteurs doivent se mettre au service du film et non le contraire ! »**

Adieu poulet - 1975

La Cage - 1975

séquence8

Une histoire, une histoire, une histoire...

Pour faire un bon film, rappelle-toi qu'il te faut trois choses : primo une bonne histoire, secundo une bonne histoire et tertio une bonne histoire.

LINO : « Quand je choisis de faire un film, c'est avant tout l'histoire qui me décide car, pour moi, un beau rôle c'est une belle histoire. Mais les critères d'une belle histoire, je ne les connais pas... Sauf que je cite toujours cette phrase de Gabin qui m'a dit, il y a très longtemps : « *Pour faire un bon film, rappelle-toi qu'il te faut trois choses : primo une bonne histoire, secundo une bonne histoire et tertio une bonne histoire* ». Et vous savez, je crois que vous pouvez faire ce que vous voulez... Même avec le meilleur metteur en scène du monde, avec les plus grands acteurs du monde, si vous n'avez pas une bonne histoire... ça ne donnera rien ! »

LINO : « Pour que je puisse faire quelque chose, il faut que je sois emballé. Si ça ne me plaît pas, je ne le fais pas. On aura beau m'expliquer jusqu'à demain matin que c'est un rôle fantastique, je n'en ai rien à foutre, ça m'est complètement égal. Moi ce qui m'intéresse, c'est l'histoire. Je ne prétends pas être la vedette entre guillemets, **je suis au service d'une histoire, ce n'est pas l'histoire qui doit se mettre à mon service, sinon c'est foutu.**
Ce n'est pas un numéro de fausse modestie, je suis convaincu de ce que je dis... »

**LINO : « On manque d'histoires de nos jours. En France, on piétine dans le commun. C'est inquiétant ! Et je crois savoir d'où ça vient. Chacun veut faire son petit film, tout seul, dans son petit coin, et ne veut partager avec personne son histoire. C'est d'un orgueil délirant ! Moi, je dis que faire un film, c'est avant tout un véritable travail d'équipe. Nous exerçons une des rares professions où l'on peut encore travailler en groupe et personne n'en profite...
Je regrette les films d'autrefois où le metteur en scène réunissait son dialoguiste et les**

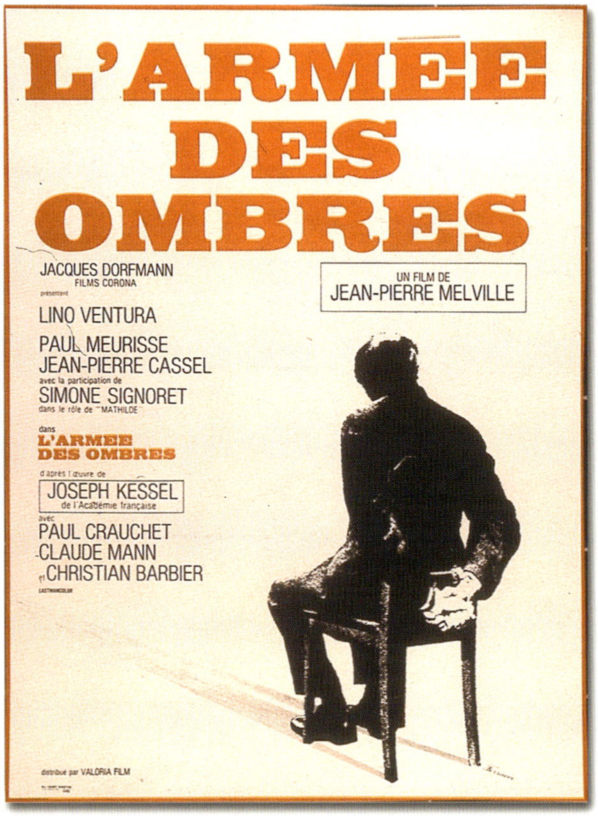

principaux comédiens et, où autour d'un pot dans un bureau ou dans un coin de bistrot, on bâtissait quelque chose ensemble. »

LINO : « J'ai lu une phrase de Georges Billard un jour, et que j'ai faite mienne d'ailleurs, qui disait : « *À force de vouloir faire du film d'auteur, on a détruit les auteurs* ». Ce qui me paraît être une vérité formidable. Parce qu'il est évident qu'il y a toute une nouvelle génération de jeunes scénaristes et de jeunes metteurs en scène certes, mais qui ne peuvent pas écrire de vraies histoires parce qu'ils ne connaissent pas la vie, ils ne connaissent pas les hommes. Ils n'ont pas roulé leur bosse, ils n'ont pas vécu, ils n'ont pas souffert !... Alors comment voulez-vous qu'ils écrivent des histoires d'hommes ? Ils font du parisianisme, ils font je ne sais quoi. Et ceux qui connaissent les hommes, petit à petit disparaissent, il n'y en a plus beaucoup. Voilà pourquoi je me sens, d'un seul coup, un peu isolé sur une île, et si demain, par exemple, vous me proposiez d'aller faire ***Les Aventuriers de l'arche perdue***, moi là, je serais complètement à côté de la plaque. Personnellement, le côté bande dessinée, ce n'est pas pour moi. La fiction ? Je n'y crois

pas. Je suis un très mauvais client, je suis trop cartésien... Ce qui n'est pas une qualité, mais je suis comme ça.
Les films d'horreur ? Je ne me vois pas dans un film d'horreur. Ils ont un effet désastreux sur moi, c'est qu'ils me font éclater de rire. C'est épouvantable !
Alors vers quoi aller ?... Je ne sais pas. »

LINO : « Je sais que si demain j'avais dans les mains le thème d'un grand film d'aventures ou celui d'un grand film policier, je sauterais dessus ; mais c'est très difficile à faire. Il n'y a pas beaucoup de gens qui peuvent en écrire d'ailleurs. Vous savez, il n'y a rien de plus facile à faire qu'un mauvais film policier parce que vous pouvez vous accrocher à tous les poncifs.
Je lis des scénarios de films policiers, mais il n'y a rien. C'est pauvre, c'est creux, c'est maigre.
Peut-être que mon exigence me fait passer à côté de choses que je ne comprends pas encore et qui sont là !... Peut-être que je suis resté en arrière, je ne sais pas. »

LINO : « Nous, si on fait un film policier, qu'est-ce qu'on peut faire ? On ne peut pas échapper au pimpon pimpon de la petite 4L qui va arriver ventre à terre avec des agents qui, pour courir, doivent se tenir le képi de la main gauche et s'agripper à leur bâton de la main droite. Pour moi, tout ça a un petit côté opérette du *Cheval blanc* à Mogador !
Si vous voyez un film américain avec les Chrysler, les sirènes, les mecs en moto, les lunettes cerclées d'or, les cartouchières, ça a quand même une autre gueule ! Il faut aussi faire la part du feu, de ce fameux folklore, mais quand je vois ***Butch Cassidy et le Kid***, il n'y a pas de motards, mais je dis que pour moi c'est un chef-d'œuvre. Il y a tout dedans. Qu'est-ce qu'on s'est aimé, dans ce film ! Quelle amitié ! Quelle construction ! Alors là oui, je dis : ça c'est du cinéma !
C'est comme ***Les Duellistes***, je suis ressorti de là époustouflé et quand je vois des *engins* comme Monsieur Harvey Keitel alors là je me dis : avoir un type comme ça en face de soi, c'est quelque chose !
C'est comme ***Harold et Maude*** qui est aussi un chef-d'œuvre que je ne suis pas près d'oublier.
Je n'ai pas de préférence de genre... J'aime le beau cinéma, c'est tout. »

Philippe Labro : « Ce qui avait attiré certainement Lino Ventura dans le cinéma, entre autres choses, n'était pas loin de ce qui lui plaisait aussi dans sa vie antérieure : les copains qui montent « un coup » ensemble ; le sens du jeu de la vie ; de la compétition ; de la stimulation et de l'émulation ; les déplacements d'un décor à un autre.
Ne pas tricher, ne pas se prendre au sérieux, connaître son propre poids, rester soi-même.
Certes, entre lutter sur un ring et interpréter un texte face à une comédienne, sous les yeux des techniciens, sous les projecteurs et devant la caméra, il y a une énorme différence.
Entre les discussions avec les propriétaires de salles de boxe ou de catch et une longue conversation autour d'une phrase à nuancer ou d'un geste à ajouter, il y a un océan de différences !
Pourtant, si ces expériences et ces mondes ne sont pas semblables, ils restent parallèles. Jamais Lino Ventura n'aurait pu faire la transition s'il n'avait eu, en lui, les ressources nécessaires pour jouer la comédie, la psychologie suffisante pour assimiler un rôle, l'humilité obligatoire pour se mettre à la place du spectateur et poser la question que tout bon acteur pose éternellement : « *Est-ce crédible ?* »

Le Clan...

séquence9

Du dialogue à ses mots

LINO : « Vous savez, je n'ai jamais permis à qui que ce soit de décider à ma place, moi. Je n'ai pas d'agent, je n'ai pas de secrétaire. Je n'ai rien. »

José Giovanni : « Lino était facile d'accès. Il recevait les scénarios, il les lisait, il prenait les gens au téléphone, il les rencontrait. Il était ouvert parce qu'il sentait confusément dans ce métier, que dans l'ouverture, il verrait plus de gens intéressants que s'ils étaient filtrés par un barrage. »

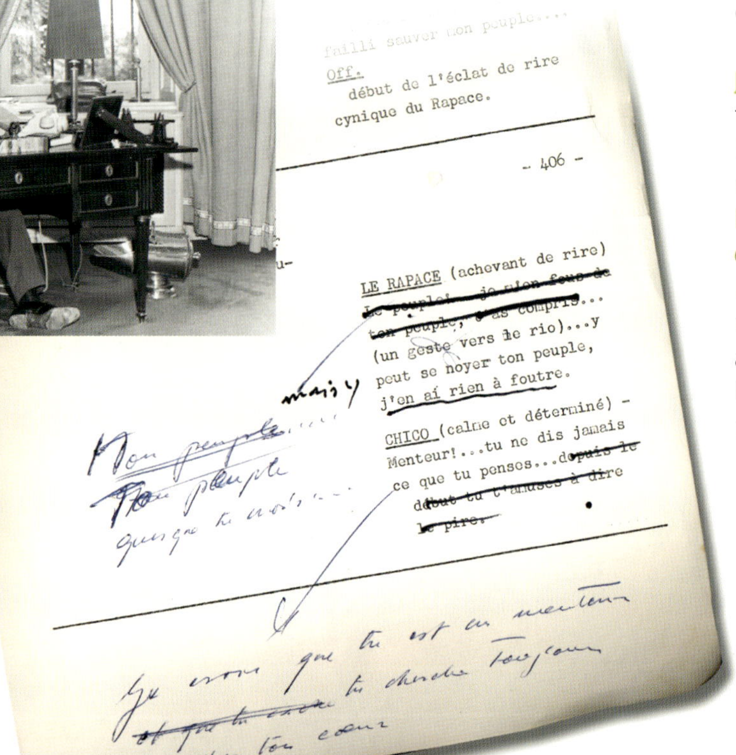
failli sauver ton peuple....

Off.
début de l'éclat de rire cynique du Rapace.

- 406 -

LE RAPACE (achevant de rire)
~~Le peuple!... je m'en fous de ton peuple, j'ai compris...~~
(un geste vers le rio)...y peut se noyer ton peuple, j'en ai rien à foutre.

CHICO (calme et déterminé) -
Menteur!...tu ne dis jamais ce que tu penses...~~depuis le début tu t'amuses à dire le pire.~~

LINO : « Dire que je travaille avec les auteurs, ce serait un bien grand mot mais je participe beaucoup au scénario. Je ne pourrais pas avoir un script la veille d'un tournage parce que c'est comme une incubation pour moi. J'aime bien partir de zéro avec eux et je trouve ça très intéressant... à tous points de vue. Ça ne donne pas toujours des résultats extraordinaires, mais enfin... Je trouve que c'est comme ça qu'il faut faire. »

Jean-Claude Carrière : « Lino aimait beaucoup travailler sur le scénario et il avait très probablement besoin de ça pour se rassurer intérieurement avant d'affronter le plateau. **Lino était clair, il savait ce qu'il voulait, ce qu'il ne voulait pas.** La pire des choses, c'est quand un comédien non seulement ne comprend pas ce qu'on attend de lui, mais change d'avis. Ça alors, les caprices chez les acteurs ! Lino, lui, n'avait aucun caprice. »

Jacques Deray : « Lino a une particularité : il ne tergiverse pas, jamais il ne dit : « *Je verrai... Peut-être* ». Ce n'est à ses yeux qu'une perte de temps. C'est oui ou c'est non. La lecture du scénario le renseigne : se voit-il ou non comme le personnage ? »

Avec Pierre Granier-Deferre

Sur le tournage : Le Rapace - 1967

Avec Claude Pinoteau

Jean-Loup Dabadie : « Lino savait juger ceux qui étaient bons et ceux qui ne l'étaient moins dans le domaine du cinéma et on pourrait dire - comme disait Jules Renard - : « *Il était presque toujours sûr d'avoir bon goût, mais il avait le dégoût très sûr !* »

Alexandre Mnouchkine : « La plupart des comédiens lisent le scénario et ne prennent que ce qui les concerne. Lino non. Il discutait des dialogues et je l'entendais très souvent dire : « *Ce n'est pas moi qui dois dire ça, c'est lui qui doit le dire. Moi je réagirais. C'est une bonne réplique mais elle sera meilleure si elle est dite par lui* ».

Charles Gérard : « Lino, quand il donnait la réplique, il vous faisait briller, il s'en foutait, de lui. »

LINO : « Moins j'en dis, plus je suis heureux. Je ne suis pas du tout handicapé parce que je n'ai pas de dialogues. Mon rêve serait de faire un film complètement muet ! »

Charles Aznavour : « Lino avait une habitude, il réécrivait son texte. Il disait : « *Non, ça ne va pas dans la morphologie du personnage...* » C'est drôle car il parlait de sa morphologie et non pas de sa philosophie.
Un jour, avec Duvivier, sur ***Le Diable et les Dix Commandements***, Lino lui fait : « *Dis-moi Dudu, il y a un truc qui ne me va pas du tout, je crois que je vais changer des mots pour les mettre dans ma bouche à moi !* », « *Oui, oui, fais ce que tu veux ; demain matin, on tourne* » fait l'autre.
Le lendemain, Lino est arrivé et Dudu lui a dit : « *Bon, dis-moi, Lino... Tu ne changes rien à ce qu'il y avait hier !* » et Lino, qui avait appris *sa* scène, a fait la gueule toute la journée ! »

Denys de La Patellière : « Sur ***Un taxi pour Tobrouk***, pratiquement tous les matins Lino arrivait et il me disait embêté : « *Pat, tu vois, cette nuit, j'en ai parlé avec Odette... Cette scène... je ne sais pas... Écoute... Je ne sais pas, mais... moi, je dirais ça !* » et je lui disais : « *Oui, mais toi, tu n'es pas le personnage !* » Alors c'était le vieux débat qui reprenait parce qu'il s'était mis dans la tête une chose que Gabin lui avait inculquée : ne jamais jouer quelque chose quand ça vous paraissait faux ! Il disait : « *Ne te laisse pas avoir, si tu trouves que c'est faux, eh bien, refuse !* » Alors Lino avait bien compris, il avait même, à mon avis, trop bien compris parce que, lui, tout lui paraissait faux, si lui Lino Ventura ne l'avait pas dit dans la vie. Et c'était difficile de lui faire admettre que le personnage était différent de lui. »

Moins j'en dis, plus je suis heureux. Je ne suis pas du tout handicapé parce que je n'ai pas de dialogues. Mon rêve serait de faire un film complètement muet !

Avec Vittorio de Sica

Avec Michel Audiard

Avec Michel Serrault et Claude Miller

Odette Ventura : « Lino retravaillait souvent ses dialogues pour se rapprocher le plus possible de sa vérité. Je me souviens que pour ***Garde à vue***, il s'était engueulé avec Audiard car Lino lui avait fait des coupes sombres dans son texte en argumentant : « *Là, je ne parle pas, là non plus, là encore moins, là sûrement pas. Michel, je regrette, dans des moments comme ça je ne parle pas !* » Si bien que le père Michel ne voulait plus mettre son nom sur le générique ! »

Michel Serrault : « Lino travaillait son rôle d'une manière très différente de la mienne. Il avait un cartable, d'où il sortait un cahier où tout était noté. Il avait demandé beaucoup de changements dans le texte, ne voulant que des répliques brèves, plutôt sèches. Ce qui avait chiffonné Audiard, plus prompt à laisser courir sa plume qu'à la freiner. »

LINO : « **Je ne prétends pas détenir la vérité**, mais quand je fais quelque chose, je le fais suivant mon critère. À savoir : j'aime ou je n'aime pas ! J'ai toujours agi comme ça, depuis que je tourne. **Je ne dis pas que je ne me suis pas trompé, je veux bien tomber tout seul, voilà tout. J'assume et ne renie rien.** »

Pierre Granier-Deferre : « Lino avait, par moments, des petits excès d'autorité dont il avait besoin. C'est-à-dire que sur un plateau, il y a une sorte de rapport de force qui se crée entre les acteurs - surtout quand on a des grandes vedettes, des stars - et le metteur en scène. Il y a une sorte de prise de pouvoir, mais c'est très inconscient la plupart du temps. C'est rare, les chieurs qui veulent s'imposer. Mais dans les premiers jours de tournage, il y a toujours une espèce de mise en place, et je l'ai eue avec Lino sur ***La métamorphose des cloportes***. C'était mon troisième film, j'étais encore très hésitant et on ne se sent pas très doué quand on se retrouve en face d'un bloc comme Lino, qui connaissait déjà le succès. Et on s'est accroché tous les deux pour une chose extraordinaire. C'était un plan où il allait voir Irina Dewick et où il devait lui dire : « *Bonjour Mademoiselle* ». C'est vrai qu'avec ce que représentait Lino dans le film, un tôlard qui sort de prison, le « *Mademoiselle* » rajouté était volontaire ; c'était pour être poli, pour appuyer sur le fait que ce type reprenait la vie normale. Lino ne l'a pas pris comme ça, il trouvait ça cucul. Alors il m'a dit : « *Ben, je dis Bonjour quoi !* » et je lui réponds : « *Ben, non ! Tu es gentil, tu dis bonjour Mademoiselle* », « *Pourquoi je dis Mademoiselle ? Ça fait salon de thé, ce n'est pas le rôle...* » Et là, on s'est accroché tellement fort qu'il est parti furieux et j'ai fait éteindre tous les projecteurs, ce qui est un signal de grosse fâcherie chez un metteur en scène. Le plateau était consterné, on se disait : « *Ça y est, le film est fini* », c'était la panique à la direction de production... Et même si on n'a pas eu des mots très forts, il était ancré dans son idée. Ce n'était pas contre moi spécialement, mais il y avait quand même ce petit rapport de force pour voir comment j'étais. Puis il est revenu avec la seule idée qu'il fallait avoir, que je n'avais pas eue, il a dit : « *Et si on faisait les deux ?* », je lui ai répondu : « *C'est avec joie que je t'offre ta prise sans Mademoiselle et que toi, tu m'offres la mienne avec !* » Évidemment la plaisanterie a pris le pas sur la bouderie et je lui ai dit : « *Naturellement, tu ne me fais pas mon Mademoiselle comme un cochon... Ne soigne pas le tien par rapport au mien !* » il m'a regardé : « *Tu me connais, oui ou non ?* », je lui ai répondu : « *Oui, je sais, tu es l'honnêteté personnifiée !* » et il l'a fait magnifiquement et c'est mon « *Bonjour Mademoiselle* » qui a fini dans le film. »

LINO : « Si je fais quelque chose, c'est parce que je suis persuadé que c'est bien. Je me suis trompé certes, mais j'ai au moins le plaisir de me raser tranquille devant la glace, parce que tout le boulot, c'est faire ses comptes avec soi-même. »

Claude Pinoteau : « Sur le scénario, Lino était très sévère. Il avait raison d'ailleurs. Dans le métier, on savait tous qu'il n'acceptait pas n'importe quel rôle et même si on lui proposait une histoire de malfrats, il fallait que son personnage rime avec droiture.
Il était très vigilant tout au long de l'écriture sur ces questions d'honneur. Même un truand devait avoir sa loyauté, sa franchise, sa fidélité. Il n'aurait jamais accepté un rôle où le personnage n'avait pas une noblesse de cœur. C'est-à-dire qu'il pensait toujours que si ses enfants allaient voir son film au cinéma, il fallait qu'ils soient fiers de leur père. Enfin... que, jamais, leur père ne fasse une chose qu'ils auraient réprouvée.
C'est « très » italien ça. C'est « très » famille. Ce qu'il ne supportait pas, c'était de se voir proposer des rôles où son personnage avait des vulgarités ou des grossièretés exagérées. Il me disait : « *Mais Claude, comment il me voit ? C'est l'idée qu'il se fait de moi ! Comment ose-t-il imaginer que je peux être ça ? Il m'insulte !* » Ça le mettait en colère, ça le vexait, ça lui faisait de la peine... »

Pierre Granier-Deferre : « Lino avait toujours peur qu'on ne travaille pas assez.
Il disait sans arrêt, lui qui adorait les maximes : « *Cent fois sur le métier, les gars, cent fois sur le métier !* » Et quand il nous disait ça, on lui faisait : « *Mais merde, on en est à la dixième mouture ! Ça va !* ». Mais cette demande de travail répondait à un désir d'artisanat. Pour lui, un film, c'était un travail qui nécessitait beaucoup de temps, tout comme de fabriquer une chaise, de ciseler un bijou ou d'écrire un roman. Et il ne fallait surtout pas aller le voir huit jours après avoir dit : « *Je me mets à la mouture* », parce que même si c'était un chef-d'œuvre, il se méfiait et alors, le chef-d'œuvre changeait de tas sur son bureau où il y avait deux tas de scénarios : le tas de merdes et, beaucoup plus petit, le tas de choses à peu près approuvées.

Avec Mireille Darc

Je me souviens d'une entrevue pour ***La Cage***, où on était venu discuter de la première mouture, il nous avait fait le coup : « *Vous voyez ce tas-là, c'est de la merde, vous voyez ce tas-ci, il y en a deux, trois peut-être. Le vôtre, il est au premier rang* », et c'était sur celui des merdes ! Mais là, il s'est dit qu'il avait été un peu trop loin parce que Pascal Jardin était devenu blanc, s'était levé et était parti. Moi j'étais resté, parce qu'il fallait bien qu'il en reste un par politesse, et j'ai dit à Lino : « *Ça part mal !* »... Ce qui était formidable, c'est qu'on pouvait quand même rigoler au sein de choses comme ça. Mais c'est vrai que, quand on connaissait Lino, on ne pouvait pas lui en vouloir parce que, quelque part, il avait raison. **Il poussait les auteurs dans leurs retranchements pour en tirer le meilleur, pour être sûr qu'ils avaient tout donné, que rien n'avait été laissé de côté, que cela n'avait pas été bâclé ; car il y a bien une chose dont il avait horreur, c'était le travail bâclé.** Il avait dû rencontrer ce problème plus d'une fois et c'est pour cela qu'il se méfiait. »

LINO : **« Un perfectionniste est toujours très embêtant. Et pas seulement dans mon métier, dans tout ! À la limite de la maniaquerie. Sans doute est-ce exaspérant pour certains, mais c'est comme ça ! Pas autrement.**
Je n'y peux rien, c'est un trait de caractère. Remarquez que si je le suis, c'est pour le film, pas pour moi. »

Jean-Claude Carrière : « Lino se présentait toujours comme étant cartésien et cela l'excusait.
Il nous disait souvent : « *Excusez-moi, mais j'ai besoin de comprendre, j'ai besoin qu'on m'explique, j'ai besoin de savoir pourquoi les choses sont comme elles sont* ». La plupart des metteurs en scène avec lesquels il a travaillé l'approuvaient tout en lui disant que dans la vie tout ne s'expliquait pas toujours. Il y a dans l'être humain des parties mystérieuses, des surprises, des comportements qui nous surprennent nous-mêmes quelquefois et que, si on réduit les êtres humains à des marionnettes dont tous les gestes sont ou prémédités ou provoqués, on enlève une grande partie de la vie du personnage. Et c'était là l'essentiel de nos discussions. »

Norbert Saada : « Lino posait dix mille questions sur un script : « *Pourquoi le personnage fait ça ?... Pourquoi page 22, il dit ça ?... Parce que tu vois, moi, dans « ma petite tête de Parmesan* », j'aimerais qu'on m'explique ! Je ne comprends pas pourquoi vous lui faites dire ça »... Il nous rendait fou ! C'étaient des discussions à n'en plus finir !... Quand on travaillait sur ***Espion, lève-toi*** avec Audiard, Michel m'appelait et me disait : « *Quand est-ce qu'on tourne ? Parce que je n'en peux plus, je deviens dingue !* » C'est pour ça qu'on avait toujours hâte que le tournage débute car, quand Lino commençait à tourner, c'était fini ! Il s'arrêtait de discuter !... Mais avant... Il nous mangeait la tête à tous ! »

Lino était dans des angoisses permanentes sur le moindre petit détail d'un scénario et ses questionnements à n'en plus finir faisaient dire à Audiard : « L'homme de Cro-Magnon va encore me ronger le cervelet ! »

LINO : « **Je pense qu'il est toujours plus facile pour un scénariste écrivain d'écrire pour quelqu'un qu'il connaît.** Je connais la tournure d'esprit de Michel Audiard, lui sait comment je me comporte, ce que j'aime, ce que je n'aime pas, ce qui me gêne, ce qui ne me gêne pas. Tout ça fait un amalgame qui facilite beaucoup le travail. Alors je le comprends quand il dit : « *Je ne peux pas écrire si je ne sais pas pour qui j'écris.* » Je pense que si j'étais à sa place, je serais pareil. »

Avec Claude Pinoteau et Jean-Loup Dabadie

séquence 10

De la pudeur et des femmes

LINO : « À l'heure actuelle, nous sommes dans une époque où le génie réside dans la sexualité. Moi, je suis très indisposé parce que la plupart croient faire de l'érotisme alors qu'ils ne font que du porno et d'une, et deuxièmement, je suis saturé de ce genre de problèmes *psycho-sexualo-je ne sais trop quoi* ! Enfin, tout ce que je peux vous dire c'est que, entre écrire et filmer un monsieur et une dame sous les draps en train de procéder à ce que vous imaginez et entre le fait d'écrire et de filmer ***L'Homme tranquille*** de Monsieur John Ford, il y a une sacrée différence. À mon avis, le premier, ce n'est pas très difficile et c'est donné à tout le monde. Seulement, écrire un film comme ***L'Homme tranquille*** et le tourner... Il n'y en a pas beaucoup qui peuvent le faire ! Et puis si vraiment il faut que j'aille au cinéma pour apprendre comment il faut que je fasse avec une dame au lit... C'est assez triste, en plus j'ai l'impression d'être un vieux voyeur malade, ce qui me gêne beaucoup. Quand deux partenaires s'embrassent pendant de longues minutes sur la bouche, moi je commence à me trémousser sur mon fauteuil, à me sentir mal à l'aise. Pour tout vous dire, je ne trouve pas ça très intéressant ! Pire... je trouve ça d'une bêtise et d'une pauvreté déplorables.

Je suis peut-être un vieux ringard, mais je suis fait comme ça ! **Et puis je suis très flatté quand mes amis disent de moi que j'ai une certaine pudeur. Et ce qui m'énerve le plus c'est que cette pudeur, dans certaines discussions, est considérée comme de la pudibonderie, ce qui n'a rien à voir.** »

Michel Audiard : « **Lino est pudique, il n'aime pas beaucoup jouer dévêtu**. Quand on faisait ***Les Tontons flingueurs***, il nous soupçonnait avec Lautner. Il nous disait : « *Je vous vois venir, vous avez envie de me foutre en caleçon à fleurs dans un film !* » On lui a dit : « *Mais Lino tu n'es pas fou, pour qui tu nous prends, enfin ! Pour des vaudevillistes !* » En vérité, on avait fermement l'intention de le foutre en caleçon dans un film. On y est d'ailleurs arrivé. Mais à la suite d'une explosion. Tout pétait alors il se retrouvait en caleçon. Et on lui a dit : « *Tu vois qu'on t'a foutu quand même en caleçon !* »

Alexandre Mnouchkine : « Son point faible était son comportement avec les femmes... au cinéma ! Très compliqué, très difficile. Il me disait : « *Sanya, je t'en prie, je ne peux pas... Ne me laisse pas prendre cette bonne femme dans les bras. Tu me vois l'embrasser, moi ? Je vais être ridicule !* » Alors je lui disais : « *Tu n'aimes pas ça ou quoi ?* », il me répondait : « *Mais si ! Mais je ne peux pas le faire devant les gens !* »

Norbert Saada : « Lino était d'une telle pudeur que l'écriture d'éventuelles scènes avec une femme était un pur cauchemar ! Je me souviens notamment d'***Espion, lève-toi***... Au départ c'est Zulawski qui devait le faire. Lino trouvait que c'était une idée intéressante et Audiard disait qu'il avait du talent... Donc, j'organise une réunion pour que tous les trois se rencontrent, et là... en partant, je dis à Audiard : « *Je me méfie quand même parce que Zulawski a un univers tellement particulier, que j'ai un peu peur que ça dérape... Donc il faut bien surveiller le texte.* »

Avec Jeanne Moreau dans Touchez pas au grisbi - 1954

Et on attaque le scénario. Mais plus on avançait dans les adaptations, plus cela prenait un côté sexe, violent qui commençait à dégénérer. Pour travailler avec Zulawski et Michel Audiard, on a alors engagé Jacques Audiard, le fils de Michel, dont c'était le premier film. Mais malgré ça, le film n'évoluait pas bien. Un jour Michel m'appelle et me dit : « *Norbert, ce qu'on fait là, va être le premier film policier à tendance pornographique !* » Alors je lui dis de ne pas s'inquiéter, qu'on va faire marche arrière, qu'on va régler tout ça, mais qu'il ne fallait absolument rien dire de tous ces problèmes à Lino car sinon on courrait à la catastrophe.
Quinze jours se passent et Michel me téléphone : « *Je pense qu'en fin de compte, ça va être un film pornographique à tendance policière !... Ça s'est aggravé. Tiens-toi bien, dès la première scène Lino prend la fille en auto-stop, la ramène chez lui, elle l'allume et il finit par la culbuter dans les buissons du jardin !... À mon avis, « ça », ça ne va pas le faire tout de suite avec Lino, c'est un film de fiction pour lui, je pense que ce n'est même pas la peine de lui en parler !* »
Je n'articulai plus un mot... Et Michel rajoute : « *Écoute, je pense que les deux mecs les plus lâches de Paris c'est Georges Lautner et moi, la seule différence entre lui et moi, c'est que moi je le dis !... Alors, ne mets pas mon nom sur le scénario, ne lui dis même pas que j'ai participé, démerde-toi avec Lino !* » Et là je lui dis : « *Écoute, tu es gentil Michel, mais je ne vais pas faire lire ça à Lino, je m'en occupe, si je vois qu'il y a deux scènes à enlever, je les enlève et je lui montre, mais si c'est tout sexe comme ça, c'est impossible* ». Je fais donc retaper le scénario et Lino arrive un jour, à l'improviste à la production. Moi j'étais au téléphone et comme il avait l'habitude de feuilleter les scripts qui étaient sur mon bureau, il commence à lire celui d'***Espion lève-toi*** qui était là, mais sans savoir que c'était lui parce qu'il n'y avait ni titre, ni auteur, ni rien. Je finis par raccrocher et je lui dis : « *Ça y est, j'ai fini, viens, on va boire un*

se battre dans la rue, Lino ça ne le gêne pas. S'enrouler sur un lit avec une femme, ça le gêne parce que, pour lui, comme la porte est fermée, il n'y a pas d'œil humain, personne ne le voit, donc il ne peut pas y avoir de caméra. C'est ça, son histoire de pudeur au cinéma.

café ! » et là il referme le scénario et me dit : « *Tu te lances dans le porno maintenant ?* » Du coup, je n'ai pas osé lui avouer que c'était le scénario d'***Espion, lève-toi***, je n'ai rien dit. J'ai appelé Zulawski pour lui dire : « *Je ne la sens pas bien l'affaire !* », il m'a répondu : « *Non, laisse-moi lui parler, il faut casser l'image des stars.* » Je lui ai dit : « *Écoute, à mon avis, si tu commences à attaquer Lino comme ça, il va s'énerver complètement, on ne va rien faire du tout.* » et il m'a stoppé : « *Non, ne t'inquiète pas, on va y arriver !* » Résultat : Zulawski a quitté l'histoire et Boisset a pris la relève. »

LINO : « Je considère Andreï Zulawski comme un monsieur qui a un énorme talent. Peu de cinéastes savent traiter la violence comme il le fait, mais sans que ça n'enlève rien à ce que je viens de dire, son optique et son monde, ne sont pas les miens. Je ne pense pas être un matériau utilisable pour lui. Je ne pourrais pas. Je m'entends pourtant très bien avec lui, je le connais, mais sur certains points je pense qu'il y aurait une incompatibilité totale. Il a une telle vision des choses que je suis incapable d'aller dans la même direction que lui. »

José Giovanni : « Se battre dans la rue, Lino ça ne le gêne pas. S'enrouler sur un lit avec une femme, ça le gêne parce que, pour lui, comme la porte est fermée, il n'y a pas d'œil humain, personne ne le voit, donc il ne peut pas y avoir de caméra. C'est ça, son histoire de pudeur au cinéma. »

LINO : « **De toute façon, si je jouais les amoureux transis, cela ferait rire tout le monde. Et puis, intérieurement, j'éprouve une espèce de gêne insupportable à jouer les don Juans. Je crois que lorsqu'on est foutu comme moi, avec la gueule que j'ai, il faut savoir jusqu'où on peut aller. Et c'est pour cela qu'il y a des choses que je ne ferai jamais au cinéma.** Ce sont des principes de morale peut-être complètement idiots et désuets parce qu'un acteur se doit de tout faire mais moi... je sais que **vous ne me verrez jamais tout nu entre deux draps avec une dame en train de batifoler**, je laisse ça à d'autres, moi je ne sais pas le faire. »

Claude Pinoteau : « Dans ***L'Homme en colère***, Lino devait embrasser Angie Dickinson et ce baiser avait pris des proportions au-delà du réel. D'un côté Jean-Claude Carrière et moi avions préparé Lino plusieurs mois avant et de l'autre côté, nous rassurions Angie sur le fait que Lino allait l'embrasser même s'il ne l'avait jamais fait. Le jour arrive et on commence à tourner, mais comme si on tournait une cascade : prêt à couper au moindre faux pas. Moteur... Travelling... Tout le monde retenait son souffle et là, on voit Lino qui embrasse Angie, qui lui prend la bouche avec une force et une vigueur extraordinaires. Je dis : *Coupez* et là Angie reprend sa respiration et hurle : « *Lino Ventura m'a embrassée,*

Avec Brigitte Bardot dans Boulevard du rhum - 1971

Avec Françoise Fabian dans La Bonne Année - 1973

Vous ne me verrez jamais tout nu entre deux draps avec une dame en train de batifoler.

Avec Annie Girardot dans Le Bateau d'Émile - 1962

Avec Mireille Darc
et Jean Yanne dans
Fantasia chez les ploucs -
1971

Ces dames préfèrent le mambo - 1958

c'est extraordinaire, je suis la première actrice qu'il embrasse. » Tout le plateau applaudissait, Lino, lui, était rouge écarlate et moi, j'étais très embêté parce que ce n'était pas du tout le baiser dont je rêvais. Il était trop brutal. Lino me voit et dit : « *Ça va, tu es content !* » *Je lui réponds à contre cœur : « Oui, oui ça va, mais... il faudrait le refaire !* » Lino monte d'un ton : « *Comment ça le refaire ?* » et moi : « *Oui, tu comprends, ton baiser est trop appuyé, ce n'est pas du tout ton registre, il le faudrait plus tendre* » et Lino : « *Mais ça fait six mois que vous m'emmerdez Jean-Claude et toi et que vous me dites : « Faut l'embrasser ! Faut l'embrasser » eh bien... Je l'embrasse !* » *Il était à la limite de se fâcher, mais il a fini par s'y résoudre et il l'a refait... comme un collégien.* »

Pierre Granier-Deferre : « Moi, je trouve ça très bien que Lino n'ait jamais voulu embrasser une femme à l'écran. Parce que comme metteur en scène, je serais plutôt à me foutre de tout, et notamment de la morale, mais comme homme je suis très pudique. Et c'est vrai que la pudeur nous réunissait avec Lino. Ce qu'il y a d'amusant - et on l'oublie d'ailleurs - c'est que la pudeur fait travailler. Je me souviens que, dans le scénario de ***La Métamorphose des cloportes***, il avait accepté une scène d'amour avec Irina Demick, mais qu'il était bien décidé à ce que je me démerde pour qu'il ne se passe rien. C'était une scène où ils étaient tous les deux dans une Austin et, à un feu rouge, Lino demandait à Irina : « *Comment fait-on pour inviter une jolie femme à prendre un petit déjeuner ?* », ce qui était une déclaration d'amour formidable et Irina en guise de réponse, se penchait vers Lino en lui disant : « *Ce n'est pas difficile, c'est comme ça !* » et elle devait avancer les lèvres pour se faire embrasser.
Au début, comme toujours avec Lino, j'ai fait celui qui avait complètement oublié qu'on allait tourner une scène où il y avait un baiser. Je sentais Lino un peu nerveux et inquiet comme s'il y allait avoir affrontement mais j'avais trouvé la solution pour remplacer ce baiser. C'est-à-dire que je sortais de la voiture au moment où Irina tendait ses lèvres, je prenais toutes les voitures de dos, le feu passait au vert et la seule qui ne bougeait pas, qui restait seule au milieu de la rue, c'était la leur. Et du coup, j'ai remercié Lino parce qu'il m'avait permis de faire un des plus jolis plans du film. »

Claudia Cardinale : « Ce qui me touche particulièrement chez Lino, c'est sa pudeur. Vous savez, la plupart des hommes, dans les scènes d'amour, débordent très vite. Lui jamais ! J'ai trouvé que Lino était un homme extraordinaire dans ce registre-là car il refusait de *faire les baisers*. Dans ***Les lions sont lâchés***, nous avions une scène d'amour tournée de telle manière qu'on aurait cru qu'on s'embrassait alors qu'on ne s'embrassait pas. J'ai beaucoup apprécié. C'est pour ça que j'aimais Lino, pour son intégrité à laquelle il a toujours été fidèle. »

LINO : « Je vais vous dire quelque chose...
Le plus beau geste d'amour que j'ai vu au cinéma et qui vaut, pour moi, 50 000 kilomètres de pellicules de baisers, c'est dans un film russe qui s'appelle ***La Ballade du soldat****
Il y avait, à un moment donné, un soldat et une jeune femme debout dans le couloir, dans un wagon bondé. Ils étaient face à face compressés par la foule qui les entourait. Et d'une façon muette, ce soldat a levé la main, l'a posée sur le front de sa fiancée et tout doucement, il lui a dessiné son profil avec l'index. Moi, je trouve ça admirable.
La pudeur, vous savez, je crois que c'est quelque chose de très beau. »

**La Ballade du soldat* : film russe de Grigori Tchoukhraï de 1959

Jean-Claude Carrière : « Lino n'a jamais été un jeune premier, un galant comme on disait autrefois, même s'il était un personnage très séduisant pour les femmes. Et aussi bien dans sa vie privée qu'à l'écran, Lino était discret. Il y avait un reflet de l'un à l'autre. »

Michèle Morgan : « Lino était très timide, surtout avec les femmes et ce n'était pas son truc de leur parler, mais ce n'était pas non plus l'ours qu'on pouvait imaginer. C'était un homme d'une grande politesse et extrêmement courtois, un parfait gentleman à la ville comme sur un plateau. Je n'ai tourné qu'une seule fois avec lui, dans ***Les lions sont lâchés***, ce fut vraiment très agréable de l'avoir pour partenaire car je trouvais qu'il jouait très bien la comédie et que c'était un homme adorable. Mais il ne s'exprimait pas beaucoup sur lui-même, il n'était pas très bavard. C'est vrai qu'avec Lino, il y avait toujours une barrière jusqu'à ce qu'on se connaisse mieux. Mais quoi qu'il en soit, **c'était un homme en retrait**. »

Mireille Darc : « Au premier abord Lino donnait l'impression d'être un gros chien de garde méchant et puis après, une fois la glace brisée, c'était un homme d'une grande tendresse, d'une grande douceur, avec des notes de féminité et quand je dis féminité, j'entends gentillesse et sensibilité extrêmes. C'est ça qui me touchait et me séduisait chez lui. »

Claudia Cardinale : « Lino était un peu comme moi, lui aussi n'était pas quelqu'un qui se mettait à parler, à discuter facilement. Je crois que cela vient de son extrême sensibilité, de son essence intérieure. Essence qui était très italienne où même s'il n'avait pas la tchatche de l'italien, il en avait l'intensité. C'est pour ça qu'on n'avait pas besoin de se parler car Lino était quelqu'un qui communiquait même s'il ne disait rien, tu comprenais qu'il approuvait ou pas ce que tu faisais, tu le lisais dans son regard. Et c'est très italien ça, le fait d'avoir la possibilité de communiquer avec les gens même si tu ne parles pas, mais où tu donnes. Et ça, c'est merveilleux parce que quand tu rencontres quelqu'un comme lui, c'est un véritable échange. Je me souviendrais toujours de ses regards, c'était extraordinaire ! »

Avec Claudia Cardinale dans Les lions sont lâchés - 1961

Isabelle Adjani : « Lino, quelle puissance de présence ! Lino, c'était plus que la justesse, plus que le naturel, plus que la vérité. Lino, c'était le cinéma à l'état pur ! »

« J'étais super impressionnée par Lino ! C'était un géant qui habitait nos cœurs à la maison...
C'était l'idole de mon père !
Quand j'ai dit que j'allais travailler avec lui, oh la la ! Ce fut un événement dans la famille ! Vous vous rendez compte ? Tourner avec Lino Ventura !
C'était incroyable car il était un tel monument du cinéma !
Ils étaient tous tellement fiers chez moi, qu'après le film, j'ai pu faire ce que je voulais à la maison pendant un bon bout de temps !
Ce qui est drôle... C'est que devant celui qui incarnait mon père, j'avais toute l'attitude de la fille soumise. Je me voulais irréprochable
Je ne voulais surtout pas le décevoir...
Il ne m'a d'ailleurs pas adoptée tout de suite. Il m'observait. Il se méfiait. Je crois qu'il voulait voir si je n'étais pas une sorte d'enfant star...
Je n'ai eu droit à son estime qu'après la fameuse scène de la crise de nerfs où j'ai vu dans son regard la stupéfaction d'un grand acteur face à une actrice débutante. Il est d'ailleurs allé voir Claude Pinoteau pour lui dire : « *Ben dis donc la petite !* » Et là, ce fut irréversible ; il ne m'a plus jamais regardé de la même façon. J'avais gagné sa reconnaissance qui, pour moi, valait le plus beau des Césars et c'est son regard qui me l'a remis... C'est un souvenir inoubliable. »

« Nous avons beaucoup ri lors des essais de cette scène car Lino utilisait une escalope de veau pour mimer la gifle. Moi, j'avais la joue totalement gluante et j'entends encore Lino dire, son escalope à la main : « *Non mais c'est pas possible de la bonne viande comme ça !* » Ce n'est pas l'acteur qui parlait mais le chef cuisinier ! »

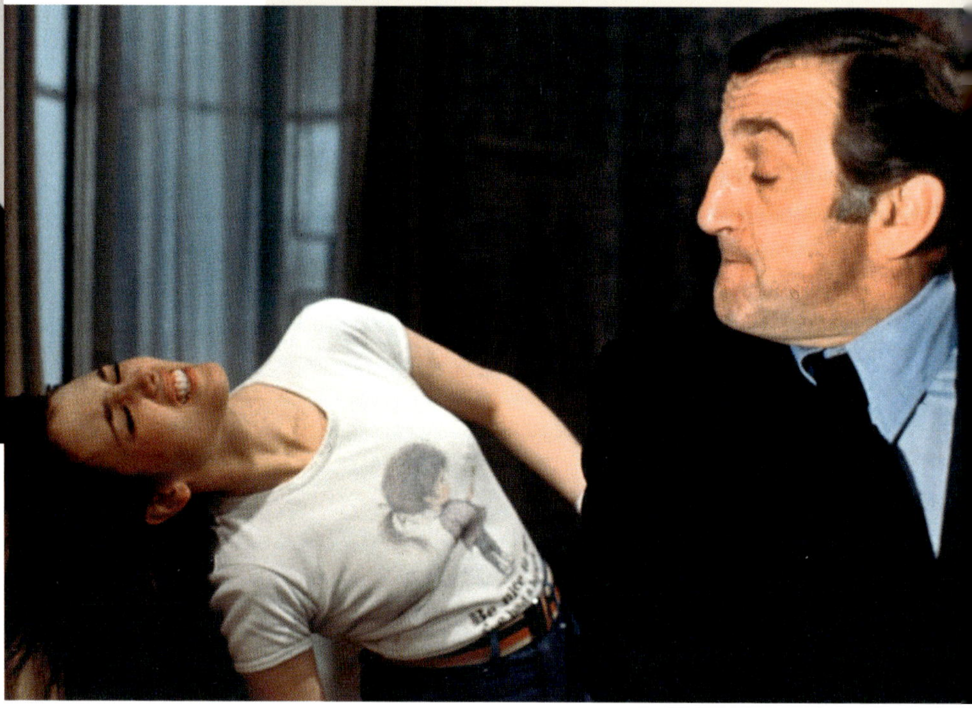

Lino, c'était le cinéma à l'état pur !

Pendant les essais de
La Gifle - 1974

séquence 11

Le cinéma passionnément

J'aime mon métier passionnément...

Plus j'avance dans ce métier, plus je l'exerce, plus je l'aime et le respecte.

LINO : « Le cinéma devient un métier en le faisant. Plus on tourne plus on s'aperçoit qu'on a une foule de choses à apprendre. C'est même un métier très difficile. Ce qui pour les gens est une chose qui n'apparaît pas clairement parce qu'il est évident qu'un homme faisant un travail particulièrement pénible, que ce soit un docker ou un type qui décharge un camion de sacs de farine ou de ciment, on voit que c'est dur. Il n'aura même pas besoin de dire qu'il est fatigué, tout le monde le croira. En revanche, quand vous acteur, vous avez fait huit heures de studio et que vous avez les nerfs tendus comme des cordes de piano, vous ne pouvez pas dire que vous êtes fatigué. Les gens ne vous croient pas. Et pourtant, je vous assure que c'est un métier très dur, très exigeant... Il exige beaucoup de vous.
À ce sujet, le père Gabin me disait : « *Si tu n'as pas la santé, tu ne pourras jamais faire ce métier.* »

LINO : « Le cinéma, ce n'est pas comme le théâtre bien sûr, parce que le théâtre est un métier qui s'apprend, où il y a toute une éducation théâtrale à avoir. C'est un métier que je respecte, mais je le connais mal, je n'en ai jamais fait. On m'a demandé plusieurs fois de faire du théâtre et j'ai toujours refusé... C'est un métier qui me fait peur parce que je pense ne pas être fait pour lui. Au cinéma, vous vous trompez, vous recommencez !
Au théâtre ?...
Vous savez la différence entre le théâtre et le cinéma est énorme !
Vous pouvez peut-être vous improviser acteur de cinéma, mais vous ne pouvez pas vous improviser acteur de théâtre. »

Michel Serrault : « Pendant ***Garde à vue***, au fil des jours, entre Lino Ventura et moi s'étaient glissées des conversations sur le théâtre, un art qui le fascinait et lui faisait peur.
« *Je ne pourrais pas faire ce que vous faites* » me confia-t-il un jour. « *Monter sur une scène, ça je ne pourrais pas* ».
Nous avons parlé assez longuement pour en arriver à cette conclusion :
« *Vous savez, Lino, si un jour on trouvait une pièce à jouer tous les deux, je vous assure que ça se passerait très bien.* » lui avais-je dit.
« *Vous croyez ?* » m'avait-il répondu.
Son visage s'était illuminé de ce sourire qui l'avait rendu célèbre, et qui prouvait que l'idée de jouer ensemble au théâtre venait de le séduire. »

Charles Aznavour : « Un jour, je lui ai dit : « *J'ai vu une pièce brésilienne extraordinaire, tu devrais la jouer* », il m'a répondu : « *Non, non, je ne suis pas un acteur, je ne ferai pas de théâtre* »... J'ai eu beau lui dire qu'il avait prouvé qu'il était un acteur, il n'a jamais voulu en démordre alors qu'il aurait été formidable. Je pense que Lino avait le complexe de se dire qu'il était acteur par hasard et, en même temps, l'honnêteté de penser que, peut-être, il ne serait pas bien et qu'il ne pourrait pas le faire. »

Sur le tournage :
Les Barbouzes - 1964

PANAVISION
PANAVISION

Sur le tournage :
L'aventure c'est l'aventure - 1972

LINO : « **J'ai besoin de travailler avec des gens que j'aime. J'ai besoin de travailler avec des gens avec lesquels je me sens bien. J'ai besoin de travailler avec des gens avec lesquels j'ai une complicité intérieure. J'ai besoin de travailler avec des gens dont je suis sûr que nous sommes en train de faire le même film... Voilà. Je crois que c'est ça la façon la plus fantastique de faire du cinéma.** »

André Halimi : « Très souvent, tout au long de sa carrière, Ventura agira sur des coups de cœur, sera guidé par de grands élans d'amitié virile. Son arrivée tardive dans le métier n'est pas sans rapport avec une telle conduite. Fort de son expérience passée dans le milieu sportif, il ne pouvait se satisfaire de la superficialité et de l'hypocrisie légendaires du monde du spectacle. Ses hésitations à faire le saut, à se consacrer entièrement au cinéma, viennent de ce que, propulsé sans transition du ring au studio, il devait tout d'abord y reconnaître les siens ; comme dans un combat, l'approche fut lente et mesurée : treize films, treize petits « rôles » mais grâce auxquels Ventura acquiert une certitude, celle de pouvoir compter sur des amis ! »

Françoise Fabian : « Lino avait un besoin profond de s'entendre humainement avec les gens avec lesquels il travaillait. Il fallait qu'il les aime. C'était une condition très importante pour lui. Le simple fait de tourner ne lui suffisait pas. Il ne voulait pas faire n'importe quoi avec n'importe qui. Comme je pense qu'il avait bien gagné sa vie dans ce métier, il n'était pas urgent pour lui de faire tout et il pouvait choisir. À partir du moment où il ne trouvait pas quelque chose à sa convenance, il préférait attendre et privilégier l'amitié. »

LINO : « **Il faut tellement d'engrenages qui aillent les uns dans les autres pour qu'un film soit réussi** que si déjà, dès le départ, on tourne quelque chose en disant :

Sur le tournage :
Le fauve est lâché - 1958

Sur le tournage :
Cent mille dollars
au soleil - 1963

Sur le tournage :
Adieu poulet - 1975

« *Bon, ben ça ce n'est pas terrible...* », on va à la catastrophe. Ce qui est formidable, et qui est une nécessité chez moi, c'est de travailler avec enthousiasme, que toute l'équipe se dise : « *On va faire un beau film* », voilà !
Je suis très exigeant, c'est vrai... Mais je le suis avant tout vis-à-vis de moi-même. Exigeant dans le sens où je ne crois pas que l'on puisse faire ce métier sans une certaine discipline... Il faut même une discipline de fer, sinon... c'est infaisable. Et ma discipline, c'est d'être rigoureux, c'est d'être précis, c'est d'être là quand on a besoin de moi. »

Quand je tourne, je suis dans le film des pieds jusqu'à la racine des cheveux. Je ne suis pas disponible pour quoi que ce soit d'autre que le film.

Jean-Claude Brialy : « Lino était le contraire d'une star, c'était un grand acteur, un grand homme du cinéma. Il était très professionnel, très consciencieux, pas emmerdant, ni capricieux, ne faisant pas la vedette alors qu'il a été une vedette tout de suite. Il avait calqué sa façon de travailler sur celle de Jean Gabin, en gardant sa personnalité.
Lino arrivait sur le plateau à l'heure et n'en bougeait plus. Il avait son fauteuil et regardait tout ce qui se passait. Il était là dans son élément, il n'aimait pas les perturbateurs, il n'aimait pas les journalistes ni les photographes. Il trouvait qu'il y avait un temps pour les interviews et un temps pour tourner. Et quand il tournait, il ne se dispersait pas, c'était quelqu'un de très concentré. »

LINO : « Quand je tourne, je suis dans le film des pieds jusqu'à la racine des cheveux. Je ne suis pas disponible pour quoi que ce soit d'autre que le film. »
Et puis il y a un phénomène étrange en tournage ; c'est qu'on se rend compte d'une façon très claire qu'on est vite complètement prisonnier du film. Le film fait ce qu'il veut et nous, on ne peut plus faire autrement que de le suivre. C'est pour cette raison qu'on est en perpétuel éveil sur chaque séquence parce que l'on s'aperçoit qu'il y a des trucs qui ne vont plus, qui n'ont plus leur place et que les choses ont évolué malgré nous.
C'est vraiment le film qui commande. »

Lino ne quittait jamais le plateau. Même s'il avait seulement une prise, Lino pouvait rester sur le plateau toute la journée.

LINO : Gabin m'avait dit un jour : « *Rappelle-toi que tu es payé dans ce métier pour être sur le plateau à midi moins dix jusqu'à sept heures et demie, texte su tête faite* ».

LINO : « **Je ne quitte jamais un plateau.**
Et ma façon à moi de tourner, c'est de rester dans le climat d'un plateau, de ne pas en sortir. Je ne peux pas être distrait par autre chose. **Ce n'est pas du tout une discipline, c'est un besoin.** »

LINO : « Au cinéma, j'ai toujours été fasciné par l'esprit d'équipe des techniciens. C'est quelque chose de formidable ! Il y a une mentalité qui me correspond complètement, car c'est un métier où quand quelqu'un fait une erreur, il ne peut pas dire :

« *Ce n'est pas ma faute* » On sait qui c'est ! La responsabilité de chaque chose incombe à quelqu'un de précis. Tout est très clair, tout le monde est solidaire, tout le monde assume. »

LINO : « Les caprices sur un plateau, je ne les accepte de personne. C'est inadmissible. Je trouve ça stupide, imbécile. D'ailleurs, tant que je serai sur un plateau, il n'y en aura jamais.
Si quelqu'un veut faire des caprices, qu'il les fasse après les heures de travail. »

LINO : « **Je suis chez moi sur un plateau de cinéma**, je ne suis pas intimidé, au contraire je suis très à l'aise.
Si ! Je suis intimidé par quelqu'un qui ne fait pas partie de ce groupe. Par exemple, je n'ai jamais admis que l'un de mes proches, de mes familiers, de mes intimes assiste à un tournage. J'ai l'impression d'être quelqu'un d'autre, que je suis en train de leur mentir et c'est quelque chose que je supporte mal. »

Je ne quitte jamais un plateau.

LINO : « Je n'ai jamais eu le trac de ma vie. Je sais : on doit mourir de peur, le trac doit vous nouer les tripes... Je suis un pithécanthrope, si vous voulez, mais ce n'est pas ma faute, je ne l'ai pas. **J'ai des doutes, j'ai le désir de ne pas me tromper, mais je n'ai pas d'angoisse.** Mais vous savez, il faut toujours avoir le doute ! Les gens qui n'ont pas le doute, moi me terrifient. Je suis terrorisé par un type qui n'a pas de doutes, ça me panique. Alors, **quand je vois un metteur en scène ou mon auteur qui est beaucoup plus inquiet que moi, là je suis rassuré.** »

Édouard Molinaro : « Lino avait très confiance dans les gens qui avouaient leurs doutes. Dans la création, il faut être honnête, quand on ne sait pas, on ne sait pas. On ne sait pas tout sur un plateau ! »

Claude Sautet : « C'est simple, quand il y avait un problème, il suffisait de lui dire : « Écoute, je ne sais pas très bien... » Non pas qu'il trouvait la réponse, mais tout de suite il était très proche et il cherchait à aider. »

Robert Enrico : « **Ce qui est formidable chez Lino, c'est qu'il est sur le coup 24 heures sur 24** et que même s'il ne réalise pas le film, même s'il n'est pas le producteur, s'il n'est qu'un interprète, il se passionne pour tous les problèmes qui peuvent se poser. **Lino, c'est plus qu'un comédien, c'est plus qu'un ami, c'est un collaborateur complet qui vous soutient dans les coups durs.** »

Ce qui est formidable chez Lino, c'est qu'il est sur le coup 24 heures sur 24.

Georges Lautner : « Lino dégageait, en même temps qu'une humanité certaine, une puissance et une force fantastiques. Et quand on avait une suggestion à lui faire à propos d'une scène, il y avait un moment où l'on se disait : « *J'aimerais mieux ne pas m'en prendre une dans la gueule parce que ça irait mal !* » Alors qu'il était doux comme un agneau ! Mais je dois avouer que j'avais peur de lui. Peur de lui déplaire, d'aller dans un sens contraire, de le blesser. J'étais presque fasciné par cet homme. J'ai fait trois films de suite avec lui puis cela s'est arrêté, mais

Sur le tournage : Les Misérables - 1982

j'estime qu'il y a eu une histoire d'amour entre nous. Je n'aurais pas servi une nana mieux que je n'ai servi Lino ! »

LINO : « Ça me fait toujours sourire quand on me dit que, sur un plateau, l'équipe a peur de moi. Mais je pense qu'avec les vieilles équipes, que ce soient les machinos, les électros qui me connaissent depuis des années, on est au contraire très copains. Ils ont un esprit extraordinaire, merveilleux, un cœur d'or.

Ils sont prêts à se couper en quatre pour vous et, vous savez, vous ne pouvez pas leur apprendre grand-chose, ils en ont vu de toutes les couleurs, ils en connaissent même beaucoup plus long que beaucoup de gens de cinéma ! Et croyez-moi, ils savent juger au bout de quelques heures, à peine, quel est le genre de film. Si c'est bien ou si c'est mal. Ce sont de vieux renards ! »

Odette Ventura : « Lino, après certaines prises, lorsqu'il doutait, même si on lui disait qu'il était bien, il se tournait vers les machinos, les électros et d'un regard, leur demandait leur avis. S'il y en avait un qui lui faisait un signe de main qui voulait dire « bof, moyen » il allait voir son metteur en scène et lui disait : « *Dis-moi, il y a un truc, là... Je ne suis pas sûr... On la refait !* »

LINO : « On m'a dit qu'il y avait parfois des personnes qui étaient intimidées...
Je ne comprends pas cet aspect d'intimidateur que l'on me prête. C'est vrai que c'est peut-être une façon de me préserver de certaines choses, de certaines attaques. Et sur un plateau, j'ai besoin de m'isoler.
Je ne suis pas du tout en train de faire un numéro de superstar pensante. Non, mais il faut comprendre qu'on a besoin de moments à soi avant d'aborder certaines scènes qui, dans un film, sont assez difficiles. C'est un métier qui paraît être fait avec désinvolture, alors que c'est un métier qui est assez
difficile au contraire. L'expliquer aux gens ne servirait à rien d'ailleurs, cela ne les intéresse pas et je les comprends. **Mais moi, je ne peux pas m'égailler, à droite à gauche, pendant que je tourne car je suis un inquiet. C'est la**

Sur le tournage : L'Armée des ombres - 1969

traduction chez moi d'un besoin de toujours mieux faire, de toujours avoir l'appréhension que ce n'est pas bon et j'ai besoin, comme ça, d'être en retrait. »

Michel Serrault : « Sur ***Garde à vue***, avec Lino, il n'était pas question de plaisanter avant ou après une prise, comme il m'arrive de le faire souvent, autant pour m'amuser que pour m'assurer que je tiens bien mon personnage. La concentration était extrême. Lino exigeait un silence qui confinait au recueillement. Je reconnais que je pousse parfois des coups de gueule si une présence ou quelque chose me gêne sur un plateau, mais là, il était presque recommandé de s'abstenir de respirer. »

LINO : « Passer pour un ours, à certains moments, ça n'est pas si mal car, comme ça, on vous fout la paix. Et puis il faut bien dire la vérité, j'en remets un petit peu quand ça m'arrange... »

Christian Fechner : « Lino, son côté *gros dur*, il en jouait beaucoup. Il jouait de son physique impressionnant pour tester les gens, pour voir ce qu'ils avaient dans le ventre.
Mais tout ça, pour le coup, c'était un numéro d'acteur car il était très conscient de l'effet qu'il produisait et il savait très bien quelle attitude adopter pour impressionner. Lino, il lui suffisait d'un regard et d'un sourcil levé pour comprendre qu'il ne fallait pas le titiller ! »

Édouard Molinaro : « On avait beaucoup de respect pour lui, mais ce n'était pas par peur de sa force ou de sa colère, pas du tout, parce qu'il n'exerçait ni l'un, ni l'autre.
J'ai fait personnellement trois films avec lui, je ne l'ai jamais vu se mettre en colère, mais il avait une puissance de conviction qui faisait qu'il imposait un respect formidable parce qu'on sentait qu'il ne faisait que les choses dont il était convaincu. Ce n'était pas un mercenaire du tout, jamais. »

Claude Miller : « Lino dégageait une telle puissance, une telle force que j'étais très impressionné. Il était tellement entier et intransigeant que je ne comprends pas qu'on ne puisse pas l'être !...
Je me souviens, sur ***Garde à vue***, le décor était surélevé et, je ne sais plus pour quelle raison, il y avait des « fils » qu'il fallait enjamber pour aller sur le plateau et j'avais l'impression de monter sur un ring ; non pas pour me battre moi, mais pour être l'arbitre de deux grands champions ! »

Pierre Granier-Deferre : « C'est vrai qu'on respectait beaucoup quelqu'un comme Lino, c'est évident. Mais les électros qui respectaient Lino pouvaient lui dire : « *Eh ! oh ! l'artiste là, faut pas faire chier !* » et Lino jouait le jeu en répondant : « *Tu veux que je monte, mon petit gars ?* » C'était drôle parce que, de l'extérieur, on pouvait très bien se dire : « *Ben dis donc, quel climat !* », alors que c'était complètement joué. On avait une espèce de code bien à nous et on a ri énormément ! »

LINO : « Mais peur, on emploie toujours ce mot de peur, c'est étrange ça, on dirait que je me balade avec un poignard entre les dents et des grenades dans les mains... C'est extraordinaire, ça !... Qu'est-ce que je peux faire ? »

Passer pour un ours, à certains moments, ça n'est pas si mal car, comme ça, on vous fout la paix.

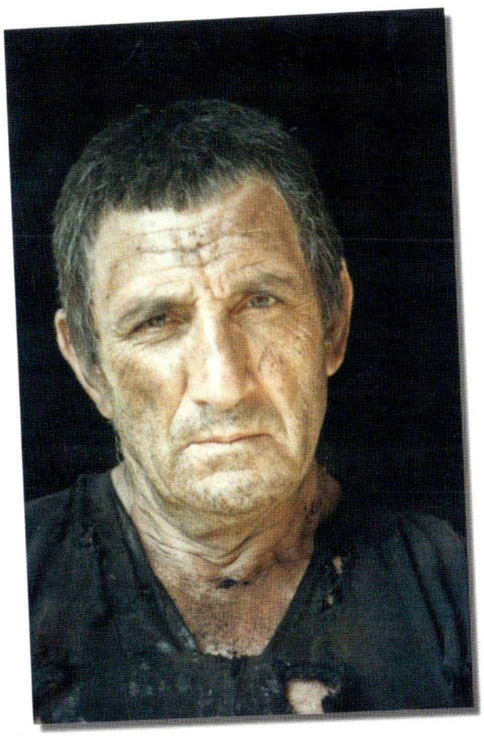

Sur le tournage : Les Misérables - 1982

séquence 12

Star malgré lui...

Star, vedette... Pour moi, ce sont des mots qui ne veulent rien dire.

LINO : « **Star, vedette... Pour moi, ce sont des mots qui ne veulent rien dire.**
Je ne me suis jamais totalement intégré au monde du spectacle. Je vous avoue que je suis toujours aussi étonné quand je vois ce qui m'est arrivé. Ça me panique presque. »

LINO : « Je me suis payé un luxe inouï dans tout ça, et ce qui est fantastique, c'est que j'ai toujours fait ce que je voulais... »

LINO : « Je ne me suis jamais considéré comme une vedette. Je suis incapable de vous dire ce que je représente vis-à-vis du public. Aux yeux des producteurs, je suis certainement un gars qui attire des gens dans une salle et donc un comédien rentable, sur lequel on peut miser sans avoir peur de se casser la gueule. Je ne sais même pas ce que je représente moi-même dans la vie et d'ailleurs, mon rôle ne consiste pas à me définir devant des journalistes. J'ai l'impression désagréable de faire un numéro chaque fois que je dois répondre à une question. Tout ce que je peux dire avec certitude, c'est que je ne suis pas né pour être une star. »

Je me suis payé un luxe inouï dans tout ça, et ce qui est fantastique, c'est que j'ai toujours fait ce que je voulais...

LINO : « C'est évident que je suis content d'être arrivé au niveau où je suis, le contraire ne serait pas possible. **Mais je me rends compte aussi que ce n'est pas facile.** Je vais encore reprendre un mot de Gabin, si vous permettez, il m'avait dit un jour : « ***Arriver en haut, ce n'est déjà pas facile, mais d'y rester, tu t'apercevras que c'est vraiment très difficile.*** »

José Giovanni : « Lino agissait sans s'occuper de savoir s'il était Ventura. Il agissait comme s'il était pauvre et comme s'il n'avait aucun rayonnement dans la société. C'est ça qui était beau chez lui. »

LINO : « **Je suis très spectateur de moi-même, vous savez !... Je n'ai pas la tête à l'envers sous prétexte que je fais du cinéma. Je fais du cinéma comme un architecte va faire ses plans. Cela ne m'apparaît pas comme quelque chose d'extraordinaire. Et si on me disait que je suis un monstre sacré, ça m'agacerait énormément. La seule chose dont je me targue et qui me fait très plaisir, c'est que mes amis me disent qu'il n'y a rien de changé chez moi ! Et enfin, je ne vois pas pourquoi il y aurait quelque chose de changé !** »

Michel Drucker : « Lino était une « star », mais ne le savait pas ! Lucide, il n'était jamais dupe comme tous ceux qui connaissent la vie et ses impostures... »

« Lino était une star, mais ne le savait pas ! Lucide, jamais dupe comme tous ceux qui connaissent la vie et ses impostures… Il avait un sourire irrésistible, celui d'un grand séducteur qui ne faisait pourtant rien pour séduire. En acceptant de venir sur le plateau de mes « Champs-Élysées », il me fit un cadeau inestimable, lui qui fuyait les caméras de télévision. C'était en 1984… Je m'en souviens comme si c'était hier. »

Jacques Chancel : « Lino, pour les spectateurs, c'est d'abord une légende composée de mots écrits une fois pour toutes, puis répétés en litanie, du style : « Le Silencieux », « l'autre Gabin », « Le Dur », « Le Gorille » et j'en passe. L'image facile, en somme. Mais Lino, c'est avant tout un homme qui a un regard, une attitude et de l'honneur. Quelqu'un de pudique et de fidèle aux êtres humains comme aux choses. »

Marc Esposito : « Le fait d'être un acteur-star n'avait aucune influence sur sa personnalité, sur ce qu'il était, lui, Lino Ventura, depuis toujours. Le temps et la réussite n'ont eu aucune prise sur lui, il avait les mêmes choses dans la tête à 40 et à 60 ans, ni la gloire ni les échecs ne l'avaient modifié. Lino est de tout temps resté fidèle à lui-même. »

Denis Parent : « Si Ventura fut un orgueilleux et un homme d'honneur, il n'eut jamais, chose rarissime dans ce métier, cet ego surdimensionné des acteurs. »

Festival de Cannes - 1964

Francis Veber : « Un acteur, c'est souvent un individu un peu femelle, parce qu'il est dirigé par un metteur en scène, parce qu'en plus on le traite comme un enfant. On habille un acteur comme s'il ne pouvait pas s'habiller tout seul, il a une habilleuse. On l'entoure. On le choie. Il peut devenir un homme capricieux, il peut devenir insupportable. Lino, non jamais. **Lino reste un homme tout le temps.** »

André Halimi : « Tendresse, pudeur, courage, virilité, fidélité, simplicité. Des sentiments qui ont forgé l'homme ; des qualités qui ont façonné l'acteur. Lino Ventura, aux yeux des gens, c'est un homme. Rien d'un « cabot ». Avant toute chose, c'est un chaleureux être humain ! »

LINO : « Personnage public, ça veut dire quoi ?... Ça veut dire qu'il faut aller se montrer, se pavaner ? Non. C'est sûrement une question de caractère. C'est vrai que j'ai toujours vécu en marge du côté clinquant du cinéma, non pas par mépris, mais parce que je ne me sens pas très à l'aise dans cette extériorisation, dans cette vitrine. C'est peut-être une forme de timidité, je n'ai pas honte de le dire. Alors, je ne vois pas pourquoi j'irai me torturer. Pourquoi voulez-vous que j'aille moi dans des endroits qui me pèsent, qui me font souffrir ? Au nom de quelle sacro-sainte loi ?
Moi, je sais que je ne suis pas un homme de cocktail, je sais que je ne suis pas un homme de première. Je souffre terriblement de recevoir des compliments. C'est un art de recevoir des compliments, moi je ne sais pas le faire comme je ne sais pas faire de compliments d'ailleurs. Je suis pour ça d'une rustrerie épouvantable et j'ai une diplomatie très relative dans ce domaine en plus. »

Lino reste un homme tout le temps.

Festival de Cannes - 1972

Claude Lelouch
Johnny Hallyday
Charles Gérard
Nicole Courcel
Lino Ventura
Jacques Brel

Je sors mes tripes quand je tourne. Mais quand on a dit : Coupez ! je ne dois plus rien à personne.

Jean-Claude Brialy : « Lino avait horreur de sortir, de parader. En revanche il aimait recevoir dans sa maison à Saint-Cloud, dont il était très fier et ses dîners étaient toujours des fêtes où il faisait lui-même la cuisine. Ce n'était pas un Italien qui faisait les pâtes, mais un prince qui honorait ses amis. »

Norbert Saada : « Contrairement à ce que pensent beaucoup de gens, Lino ce n'était pas un homme bourru, c'était un homme très timide. Lino avait beaucoup de réserve pour les choses et pour les gens. Par exemple, ce n'était pas un mec à qui tu frappais sur l'épaule en disant : « *Salut Lino, ça va ! Dis-moi, je voudrais te demander...* »
Tu ne l'abordais pas comme ça ! Et dans la rue, Lino se faisait toujours le plus discret possible.
Un jour, on marchait dans la rue. Un mec se plante devant nous et se met à pousser des ah ! et des oh ! de fou. Je lui dis : « *Calmez-vous, Monsieur* ». Lino était devenu tout blanc, il ne savait plus où se mettre, il détestait ce genre de démonstration.
Moi je continue à dire au type : « *Ne vous énervez pas, ne vous énervez pas ! C'est quoi votre problème ?* » et il me répond : « *C'est lui !* » Je lui dis : « *Oui, c'est lui, très bien, mais s'il vous plaît calmez-vous. Vous voulez un autographe ?* » Toujours hurlant, il me dit : « *Oui !* » Je sors un papier, un crayon, Lino ne bougeait pas, il était tétanisé. Il lui signe son autographe, lui tend son papier et le mec lui répond : « *Merci, monsieur Zitrone !* ».
Là-dessus, le type se barre. Lino, muet, le suit du regard. Et là, je suis sérieux, Lino a éclaté de rire... On a ri à en pleurer ! »

LINO : « J'ai entendu des phrases qui disent : « *Moi, je me dois à mon public !* »... **Moi, je me dois à personne !**
Je me dois de faire un bon film quand on m'a engagé. Je me dois de le faire du mieux que je peux pour ne pas trahir les gens qui attendent de moi quelque chose. C'est tout ce que je me dois de faire. »

LINO : « Je sors mes tripes quand je tourne. Mais quand on a dit : *Coupez !* je ne dois plus rien à personne. »

LINO : « Vous savez, ma vie privée est une chose à laquelle je ne permets absolument pas qu'on touche ! Parce que d'abord je n'ai jamais bien compris en quoi et qui ça pouvait intéresser de savoir si je me lavais avec une savonnette ou du savon de Marseille.
Et qu'est-ce que vous voulez que je vous dise ? Moi, je ne suis pas Marilyn Monroe, je ne peux pas vous faire une photo tout nu dans un bain de mousse. »

Avec Francis Ford Coppola et Catherine Deneuve et Volker Schlöndorff à Cannes – 1979

séquence 13

Un homme libre

« Je suis un homme libre et j'entends le rester. »

LINO : « **Je suis né italien, je mourrai italien. Je suis resté italien, non pas par patriotisme exacerbé, mais parce que suivant mes sacro-saints principes, j'ai toujours considéré que le fait de renier, avec une signature sur un bout de papier, la terre où j'étais né me paraissait quelque chose d'assez moche.** C'est une chose qui m'aurait pesé et je ne l'ai jamais voulu. Je ne me serais pas regardé dans la glace d'une façon très tranquille après, voyez-vous ! Parce que quand je fais mes comptes, je ne peux pas me bidonner, me raconter des histoires. Faire les comptes avec les autres ce n'est pas difficile, c'est avec soi-même que c'est dur. »

Je suis né italien, je mourrai italien.

La Rumba - 1987

DATI E CONNOTATI DEL TITOLARE
SIGNALEMENT DU (DE LA) TITULAIRE
DESCRIPTION OF HOLDER
PASSINHABERBESCHREIBUNG
Professione
statura
nato a
occhi
il
capelli
domiciliato a
segni particolari
Firma del titolare
Signature du (de la) Titulaire
Signature of Holder
Unterschrift des Passinhabers
Autentificazione della firma
Nome
Data di nascita
Visto
SAINT CLOUD (F-92210)
CM 175
CASTANO
11 JUIN 1990
CONS. G. D'ITALIA PARIGI
VENTURA
ANGELO DETTO LINO
ITALIANA
14.07.1919
M
PARMA (I)
12 JUIN 1985
RÉPUBLIQUE FRANÇAISE
MINISTÈRE DU TRAVAIL ET DE LA SÉCURITÉ SOCIALE
CARTE PERMANENTE DE TRAVAIL
POUR TOUTES PROFESSIONS SALARIÉES
G Nº 425629
NOM : VENTURA
VISTI
VISAS
VISA
SICHTVERMERKE
CONSOLATO GENERALE D'ITALIA IN PARIGI
Reg. Nº 19932
Il presente passaporto è rinnovato fino al 8 SET. 1973 ed è valido per tutti i Paesi i cui Governi sono riconosciuti dal Governo italiano.
Parigi, 9 SET 1968
IL CONSOLE GENERALE
MARCA CONSOLARE
LIRE 5000
REPUBBLICA ITALIANA
AEROPORT GENEVE
9 AUG 1968
LONDON AIRPORT
Nr. 2656051/P

Claude Lelouch : « Lino était un homme qui avait du bon sens et l'on ne peut pas lutter contre le bon sens parce qu'à l'arrivée... *ça* a toujours raison ! »

LINO : « Un homme n'a de valeur en tant qu'homme que quand il assume seul un certain nombre de responsabilités qui font partie de sa vie. Je pense d'abord qu'il doit y avoir une grande part de dignité pour être un homme tel que je le considère, moi ! »

Jean Gabin : « J'ai énormément d'estime pour Lino en tant qu'homme parce que dans la vie publique, c'est un homme droit, loyal, honnête et que dans la vie privée, c'est aussi un homme très bien ! »

Claude Pinoteau : « Pour Lino, l'homme se devait d'être un homme avec un grand H avec ce que cela impose de devoir, d'honneur et de dignité, de droiture et de loyauté. »

LINO : « Je ne suis pas du tout intimidé par la position hiérarchique des hommes. Président, pas président, peu importe... Les grands titres ne m'impressionnent pas. En revanche, j'ai une profonde admiration pour Mermoz, Saint-Exupéry, Kessel car c'étaient des hommes, des vrais. Ils avaient, pour moi, tout ce que doit comporter entre guillemets un mec ! Ils ont habité mes rêves quand j'étais jeune et j'ai toujours voulu leur ressembler. »

Sur le tournage : Les Barbouzes - 1964

LINO : « Je veux être rien, moi ! Je ne veux pas être président, je ne veux pas être juriste, je ne veux pas être juré, je ne veux pas être caporal... Je veux être rien du tout.
J'ai toujours tout refusé dans ma vie. C'est comme les décorations. C'est sans doute de l'orgueil. Baudelaire disait : « *Mais qui es-tu toi pour me décorer moi ?* »
Je suis issu d'une vieille famille de libertaire et je ne peux pas me soumettre à la médaille, ça ne me va pas. Mais je ne critique pas du tout ceux qui sont décorés, au contraire je suis très content et fier pour eux.
Mais moi je ne veux pas. Ce n'est pas grave, la terre va continuer à tourner quand même... »

Un taxi pour Tobrouk - 1961

LINO : « Je trouve que c'est une des plus belles choses quand les hommes font de grandes choses et quand ils les font discrètement. »

Alain Delon : « Pour moi, il n'y a pas de grand acteur sans que l'homme ne soit grand quelque part et Lino, avant d'être un grand acteur, c'était un grand bonhomme. »

LINO : « J'ai très peur pour l'homme et son avenir, parce que tout le monde s'évertue à parler de liberté, de liberté, de liberté, ce mot qu'on emploie à tort et à travers et moi j'ai l'impression que la liberté de l'homme est de plus en plus menacée. »

LINO : « On vit dans un monde où les gens ont peur. Peur de dire ce qu'ils pensent, peur de ne pas être des intellectuels, peur de ne pas être dans le coup, peur de ne pas être dans le vent, peur de perdre leur place, peur de tout. C'est affreux, j'ai l'impression qu'on vit à plat ventre. »

Les Tontons flingueurs -
1963

L'aventure
c'est l'aventure - 1972

LINO : « Ce qui me terrifie le plus c'est l'effroyable matérialisme de l'époque, l'égoïsme des gens, l'indifférence que beaucoup affichent sans avoir le moindre sentiment de honte ! »

LINO : « Je vais vous raconter une chose qui m'est arrivée sur le tournage d'***Un papillon sur l'épaule***. À la fin du film, les caméras étaient cachées dans un immeuble en face de la gare de Barcelone. Je sortais de la gare et j'étais censé prendre une balle en plein front. Je me suis donc écroulé contre le mur et je suis resté là, par terre, immobile au milieu de la foule... Il n'y a aucun être humain qui s'est arrêté ! ... Et ça, je vous garantis que ça m'a marqué pendant un bon bout de temps. »

LINO : « Je trouve que ce qui est effrayant, c'est **ce snobisme intellectuel qui a détruit cette espèce d'enthousiasme chez les hommes.** Ou je suis définitivement irrécupérable pour cette société ou ce sont eux qui sont en dehors et qui vivent dans un monde que je ne comprends pas. Je ne refuse pas cette époque, mais je ne la trouve pas très bénéfique. Je ne la trouve pas très gaie. **C'est le manque de sincérité dans les choses qui me navre surtout.** »

LINO : « Ce qui m'irrite le plus, c'est la bêtise teintée de triomphalisme, la vanité. »

LINO : « Il faut tenir compte aussi que les époques changent, les choses sont très différentes. Ce qui était possible, sans doute, il y a 10 ans, ne l'est plus aujourd'hui, dans le monde dans lequel nous vivons.
C'est plausible. Mais de là à croire que plus rien n'est possible, que tout est dû, c'est un raisonnement qui enlève toute volonté d'émulation, toute initiative et je trouve ça un peu dangereux. Que ça soit très difficile, je n'en disconviens pas. Mais je crois que ça a toujours été très difficile. »

Bernard Blier : « Qu'il était drôle, Lino ! Et qu'il était désespéré aussi ! Désespéré par l'effroyable égoïsme des hommes, par leur prétention, leur vantardise. Désespéré par la société contemporaine, par les hommes politiques, par la mesquinerie ambiante. Lino, lui, il aimait le travail bien fait, la belle ouvrage, pas le fast-food. Il lui fallait du tangible, du concret, des phrases qui veulent dire quelque chose. »

Ce qui me terrifie le plus c'est l'effroyable matérialisme de l'époque, l'égoïsme des gens, l'indifférence que beaucoup affichent sans avoir le moindre sentiment de honte !

Les Grandes Gueules - 1965

Je trouve que ce qui est effrayant, c'est ce snobisme intellectuel qui a détruit cette espèce d'enthousiasme chez les hommes.

séquence14

Le regard sur le monde

LINO : « Mon regard sur le monde n'est pas celui d'un optimiste. Je suis même un peu désabusé... J'ai l'impression qu'on vit sur un volcan ! Et certaines valeurs humaines, à mes yeux, ont disparu. »

Le Rapace - 1968

Jean-Claude Brialy : « Sa vie, c'était sa famille, son boulot, ses amis avec ce que cela impose de joies et de chagrins. Et comme il était un homme discret, il ne se livrait pas vraiment. Il avait des valeurs humaines, il aimait les gens généreux, il détestait les gens pingres. »

LINO : « Quand on parle de la jeunesse, je crois qu'on est souvent sur le fil du rasoir. Fil du rasoir pourquoi ? Parce que je pense qu'on peut sombrer très vite dans la démagogie ou dans le paternalisme.
Je crois qu'il y a une chose dangereuse, c'est quand on détruit le respect de la famille ou le respect des maîtres, je pense que ça ne mène nulle part. Il faudrait qu'on sache que ce n'est pas toujours la faute des autres quand ça ne réussit pas. Et puis il faut apprendre à assumer ses propres responsabilités. Voilà, moi je sais que c'est tout ce que je peux leur dire parce que... **Je ne suis ni pédagogue, ni sociologue, ni, ni, ni... Je ne suis rien en « logue ».**

Lino avait un art de vivre magnifique. Il aimait profondément la vie et les plaisirs et il avait le sens des valeurs vraies.

LINO : « Je trouve qu'il y a des jeunes extraordinaires ! Seulement ceux-là, évidemment les médias ne les citent jamais. Je sais très bien que les trains qui arrivent à l'heure ne les intéressent pas et donc on montre systématiquement une jeunesse négative. Les jeunes bien existent aussi. Moi j'en connais un paquet qui ont un idéal, qui ont des tripes, qui veulent faire des tas de choses !
Mais eux, on n'en parle pas souvent et c'est bien dommage. »

LINO : « Dans le monde actuel, la montée de la violence est assez inquiétante et je refuse de culpabiliser en disant que tout ça est ma faute. Je n'y suis pour rien. À savoir parce qu'un type a commis un crime, c'est moi qui suis coupable, moi, la société, j'entends.
Or je ne suis pas tout à fait d'accord.
Je ne comprends pas ce processus de pensée.
Ce raisonnement me déconcerte complètement.
Cela vient peut-être d'un certain laxisme, de l'éducation, de la responsabilité des parents ? Je ne sais pas... Une chose est sûre à mes yeux, c'est très facile de démissionner. De jouer les trouble-fête, de dire non, de s'imposer, c'est une chose beaucoup plus difficile et c'est très délicat. Je ne veux pas me poser en professeur, en éducateur, mais je sais comment j'ai élevé mes enfants. C'est tout. **Je suis malheureusement, pour moi et pour les autres, un homme à principes. Ça a l'air aujourd'hui d'une chose désuète et risible, mais c'est comme ça, on ne se refait pas.**

La Loi des rues - 1956

Cent jours à Palerme - 1984

Je suis malheureusement, pour moi et pour les autres, un homme à principes. Ça a l'air aujourd'hui d'une chose désuète et risible, mais c'est comme ça, on ne se refait pas.

C'est vrai que je ne suis pas tolérant pour tout. Je dois avouer qu'il y a des comportements qui me révoltent encore et j'ai du mal à les accepter, à avoir de l'indulgence.
Par exemple, je ne supporte pas qu'on puisse porter atteinte à la dignité de l'homme...
Le manque de respect »

Charles Aznavour : « Lino avait une espèce de hantise des choses qui se font et qui ne se font pas. Il avait un code à lui, très précis, des règles auxquelles il n'aurait jamais dérogé. »

Lino était un honnête homme.

Daniel Cauchy : « La principale qualité de Lino c'était son honnêteté. Sa droiture.
Des choses qui aujourd'hui n'existent plus.
C'était un homme d'honneur avec ses principes : une parole est une parole...
Aider ses amis coûte que coûte... Défendre sa famille à la vie à la mort... Lino était de la race des patriarches d'il y a 200 ans. Mais Lino aurait eu cette espèce d'emprise même s'il n'avait pas été star. Il avait les qualités de son physique. C'était un rocher sur lequel on pouvait s'appuyer. C'est pour cela que Lino reste la figure idéale de *l'Homme* aussi bien pour les hommes que pour les femmes.
On savait qu'on était à l'abri avec lui, qu'il ne pouvait rien t'arriver, que c'était un homme fort, solide, qui prend toujours les bonnes décisions, qui est toujours dans la vérité. »

Alexandre Mnouchkine : « Il y a une chose extraordinaire chez Lino : c'est sa vision du bien et du mal, de l'honneur et du déshonneur. Dans sa prime jeunesse, Lino a navigué dans des milieux difficiles où le sens de l'honneur existait ; et lui, qui aurait pu mal tourner, a décidé un jour, pour toujours, d'être un homme honorable. C'était déjà dans sa nature, bien entendu, mais c'était une décision.
Lino était un honnête homme. Il recherchait sans cesse l'honnêteté, il recherchait sans cesse l'honorabilité.
Et à ce propos, je vais vous raconter une histoire...
Un jour nous étions à Los Angeles et il me dit : « *Sanya, est-ce que tu peux venir avec moi, je dois rencontrer N. pour un projet, tu m'aideras, toi tu connais les Ricains, tu sais comment ils fonctionnent...* »
Nous allons au rendez-vous. La rencontre se fait, Lino était heureux, à l'aise, détendu.
Nous mangeons un morceau... Lino et N. discutent, tout se passe bien. Arrive le café...
Et là, N. sort une petite boîte en argent.
Il y avait de la poudre blanche dedans, de la cocaïne. Mais N. nous offrait ça d'une façon très banale comme s'il nous proposait une cigarette. Et Lino regarde « **ça** »... Je me souviendrai à vie de tout ce qui s'est passé sur la gueule de Lino !...
En une seconde, il y eut l'étonnement, la colère, la répulsion, l'envie de lui casser la gueule. Je ne pense pas que Lino aurait pu le faire sur commande !
Il réussit à articuler un « *No, thank you* », mais l'autre insistait en disant : « *But you should try, it's good stuff !* »... Je sentais Lino qui montait, qui était à deux doigts d'exploser, qui était rouge cramoisi, les mâchoires serrées et qui est devenu tout d'un coup « **gros** »...
Le sang lui montait à la tête, il avait honte

Avec Linda et Clelia

Avec Mylène

Avec Laurent

Douze heures d'horloge - 1959

qu'on puisse lui proposer de la drogue. « *I never used it !* », lui a lancé Lino d'un ton glacial et l'autre a dit « *But why ?* » Lino n'a rien répondu. Alors N. n'a plus insisté et a continué la conversation comme si de rien n'était. Lino, lui, ne parlait plus anglais... Il avait oublié d'un coup tout son vocabulaire et j'ai été obligé de traduire le moindre mot de N. jusqu'à la fin ; ce qui n'a servi à rien car, pour Lino, l'entretien avait pris fin à la seconde où l'autre lui avait tendu cette « **chose** ».

Quand on s'est retrouvé tous les deux dans la voiture, Lino m'a dit : « *Mais il est malade ce mec-là !* », je lui ai répondu : « *Écoute, Lino ne fais pas d'histoire, ils sont tous comme ça, il ne l'a pas fait pour te vexer, alors ne te vexe pas !* », mais Lino n'arrivait pas à s'en remettre : « *Mais tu te rends compte, Sanya... Me proposer ça à MOI !* » J'ai eu beau essayer de dédramatiser : « *Tu sais Lino, ici, c'est aussi banal que de proposer une cigarette, il était d'ailleurs surpris que tu ne connaisses pas* ».

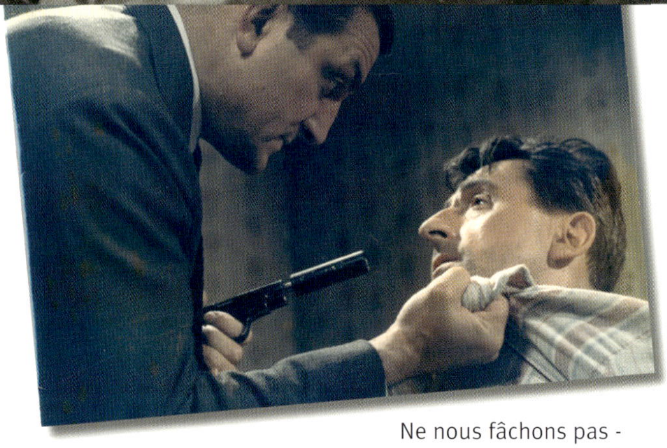

Ne nous fâchons pas - 1966

Lino ne l'a pas admis. Et... il n'a plus jamais été question de travailler avec N. »

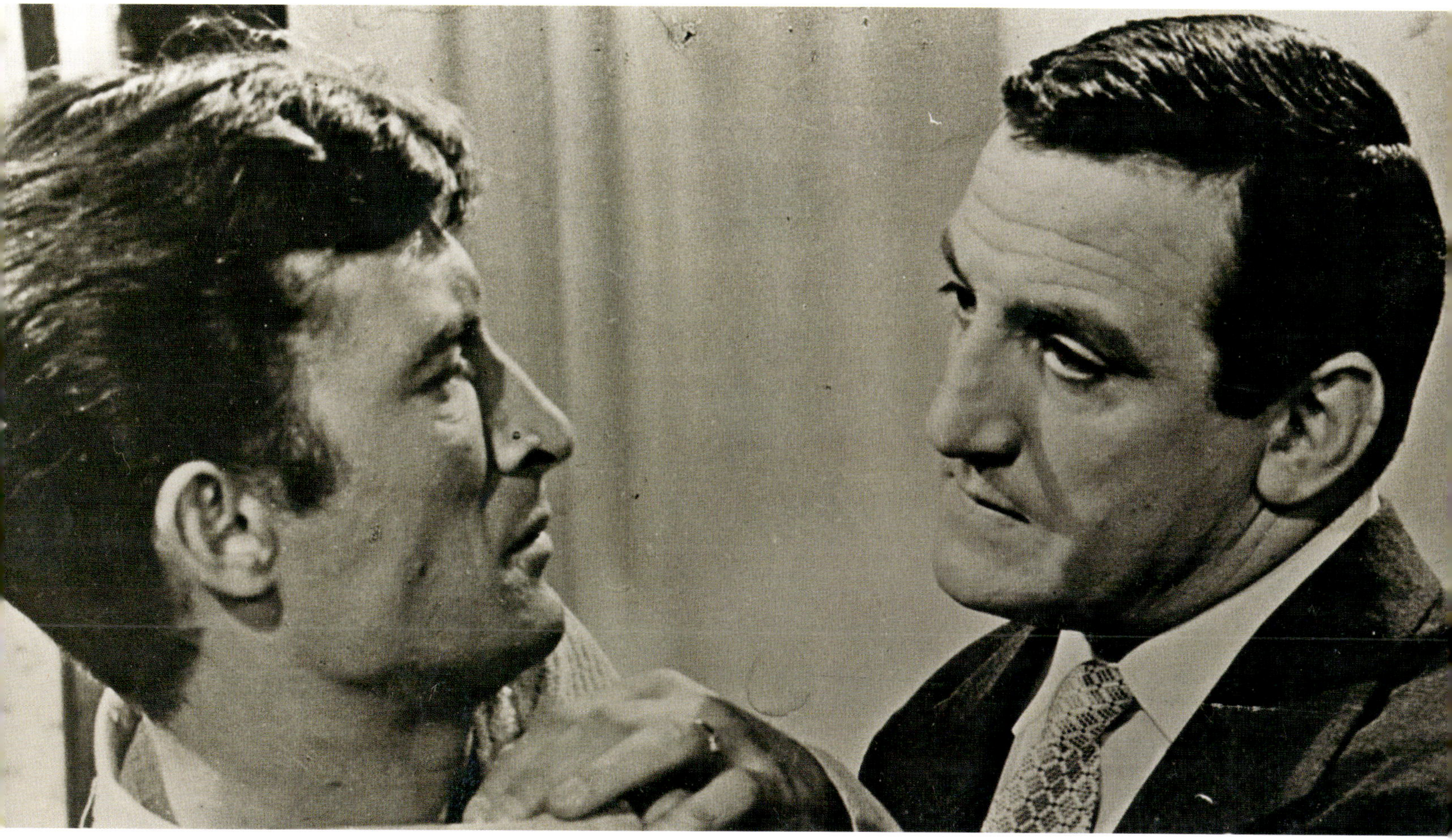

José Giovanni : « Quand il te donnait sa parole, cela valait tous les contrats du monde. Il faisait confiance, mais il ne fallait surtout pas le trahir. Car si cela arrivait, avec Lino c'était irrémédiable : le type était rayé à tout jamais de sa vie. »

LINO : « J'ai le plus profond respect pour les autres, mais je veux qu'on me respecte. Je respecte profondément les opinions des autres, mais, en retour, je veux qu'on respecte profondément les miennes. Ça, je l'exige ! Mais il ne faut pas me louper moi parce que sinon ça peut aller très, très loin et ça peut devenir très dangereux. »

José Giovanni : « Un jour sur ***Ces dames préfèrent le mambo***, il jouait un petit rôle avec Constantine. Sur le plateau, il s'entend interpeller : « *Hep ! Vous, là-bas !* ».
Il se retourne. C'était le cadreur.
« *Moi ?* », fait Lino en désignant sa poitrine de l'index.
Et comme il était *moelleux* Lino à cette époque-là, il s'est dirigé vers le cadreur, l'a sorti de derrière la caméra à bout de bras, l'a mis devant lui, l'a bien regardé et lui a dit : « *Monsieur Ventura.* » Et il n'était pas une vedette, il jouait des petits rôles. Et c'est ça qu'il y a de bien chez cet homme...
C'est Monsieur Ventura ! »

LINO : « Vous savez, il y a quelque chose qui est très insupportable pour moi, c'est que sous couvert d'immunité, d'un seul coup, parce que quelqu'un a une position à laquelle on ne peut pas toucher, il se permette d'insulter, d'invectiver ou de traiter très mal des gens. Ça c'est trop facile. Je trouve ça très lâche et ce n'est pas bien. »

Le fauve est lâché - 1959

Lino savait ce qu'est une parole d'honneur.

LINO : « Je suis comme Brassens, je ne pourrai jamais appeler de ma vie un serveur *garçon*, j'ai toujours appelé un serveur *Monsieur*. En revanche je n'ai jamais appelé un ministre *Monsieur le ministre*, je l'ai toujours appelé *Monsieur*. Pour moi il n'y a aucune différence. »

Jacques Chancel : « Lino ne voulait pas qu'on puisse le mépriser, il disait : « *Je ne pardonnerai jamais à celui qui me méprise.* »
J'avais beau lui dire qu'on ne le méprisait pas, il me répondait qu'il remarquait, sur le visage et dans le regard de certains, une condescendance.
Et ça, pour lui, c'était l'injure suprême.
Un manque de respect total. »

Christian Fechner : « Lino se vexait, mais il ne disait rien. Il s'assombrissait. Il se fermait. Et bien évidemment cela se voyait sur son visage que quelque chose n'allait pas, mais pour rien au monde, il ne l'aurait dit. Lino était assez orgueilleux et il aurait eu trop peur qu'on dise de lui : « *Mais pour qui il se prend ?* » Il fallait qu'on devine ou mieux qu'on anticipe. Dans le travail, je préférais la deuxième solution, ça marchait mieux comme ça ! »

José Giovanni : « On pouvait l'humilier facilement Lino. Plus exactement, on pouvait avoir, sans s'en rendre compte, un comportement avec lequel il se sentait humilié. Par exemple : le retard... Le retard avec Lino, c'était terrible ! Sur un retard, Lino se sentait humilié. Il se disait : « *C'est qui lui, pour me faire attendre moi ?* » Lino se vexait sur des détails de préséance... Finalement, il aimait être considéré. »

J'ai le plus profond respect pour les autres, mais je veux qu'on me respecte !

Cosa nostra - 1972

séquence15

Un anarchiste romantique

Cadavres exquis - 1976

LINO : « **Je ne suis engagé nulle part**, ça ne m'intéresse pas... Tout comme je ne fais pas de film engagé non plus, je les fuis même, parce que je les trouve lourds, démonstratifs et généralement partiaux. Et puis vous savez, **je suis assez désabusé en ce qui concerne la politique et même inquiet**. Je ne suis pas un grand admirateur des politiciens. Ils ne m'intéressent pas. Je les trouve sinistres, déplorables. Je ne les aime pas. Il leur manque, entre autres, la sincérité. Aujourd'hui c'est quoi ? **C'est du mensonge. C'est à celui qui mentira le mieux avec le plus de charme possible**. Que ça soit d'un côté ou de l'autre, les mêmes mots n'ont pas la même signification. Il y a une très grande hypocrisie. Je suis convaincu que la politique inocule à l'homme un virus que nous ne connaissons pas et qui le fait changer au fur et à mesure de sa carrière. Soljenitsyne a écrit : **La politique avilit l'homme**. Je trouve ça très juste. Et puis d'autre part, mon statut d'étranger dans le pays où je vis qui est la France a toujours été, comme il se doit, de respecter une certaine neutralité politique et de ne pas me mêler des affaires qui ne sont pas celles de mon pays. Et c'est pour ça que vous ne m'avez jamais vu et que vous ne me verrez jamais prendre parti... **Je milite, certes... Mais je milite pour une seule chose. Avec Madame Ventura, je milite pour des enfants. C'est tout.** »

LINO : « Dans tout le parcours de ma vie, j'ai été un brandisseur d'étendard ! Toujours pour défendre des causes un peu perdues. C'est peut-être mon petit côté anarchiste romantique qui vient de mes origines. »

Je milite, certes... Mais je milite pour une seule chose. Avec Madame Ventura, je milite pour des enfants. C'est tout.

Avec Linda….

1965

LINO : « Il s'agit d'enfants... Des enfants pas comme les autres. Des enfants que Simone Saint Clair a appelé « **les anges incompris** » et que la médecine appelle les enfants inadaptés. Si j'ai pris le parti de soulever le voile sur ce problème, c'est parce que la société ne peut plus l'ignorer, ne doit plus l'ignorer. Car c'est un problème qui éclatera même tout seul comme il a éclaté dans d'autres pays. J'ai également pris le parti de le dire publiquement parce que j'espère de tout mon cœur que cela fera pencher la balance en notre faveur. Je suis père d'une enfant pas comme les autres. Il y a plusieurs problèmes...

Linda et Clelia

Bien sûr, il y a d'abord le fait qu'il faut sauver ces enfants parce qu'une grande partie peut être sauvée. Il y a aussi le problème de la détresse des parents car je crois que lorsqu'une maman met au monde un enfant comme ça, je crois que là, elle atteint vraiment la profondeur de la détresse humaine.

Il y a aussi un troisième problème qui est le suivant : c'est qu'avant, ces enfants s'éliminaient d'eux-mêmes. Maintenant, avec les progrès de la médecine, on les soigne et ils vivent. Alors... si on les fait vivre, il faut avoir la dignité, le courage de les emmener jusqu'au bout de leur vie. Et ce n'est pas le cas. En effet, à 20 ans, même la Sécurité sociale les renie. Ils n'ont plus droit à RIEN. Ils sont actuellement en France 600 000 environ. Très peu ont la chance de pouvoir bénéficier d'une hospitalité dans des instituts qui sont subventionnés par le ministère de la Santé publique. Je crois qu'ils sont 80 000 environ. Le professeur Laffont m'a dit qu'il en naissait un, toutes les 20 minutes !...

Et il y a aussi donc ce problème majeur qui habite les nuits sans sommeil de tous ces parents, qui est le suivant : Quand nous ne serons plus là... Que deviendront-ils ? Ces parents, vous pouvez les aider. Vous pouvez les aider avec beaucoup de chaleur humaine. C'est-à-dire que lorsque vous rencontrez un enfant pas comme les autres dans la rue, il ne faut pas le regarder comme un monstre, il ne faut pas le regarder avec de la pitié, ce n'est pas de la pitié que ces gens-là veulent, au contraire ; c'est de la justice et de la chaleur humaine... »

Il s'agit d'enfants... Des enfants pas comme les autres que Simone Saint Clair a appelé « Les anges incompris ».

1985

LINO : **« Il est anormal qu'une ville aujourd'hui, qu'elle soit un village, un bourg ou n'importe quoi... Ils ont une école, ils ont un stade, ils ont une mairie, ils ont une piscine, ils ont une pissotière et ils n'ont pas une maison pour des enfants comme ça. C'est inadmissible ! »**

séquence16

La couleur de l'amitié

Un homme qui n'a plus un ami pour lui dire la vérité est un homme perdu...

LINO : **« Un homme qui n'a plus un ami pour lui dire la vérité est un homme perdu... »**

LINO : « Le thème de l'amitié est un thème difficile à aborder, parce que d'abord je n'aime pas beaucoup parler de moi et je n'aime pas beaucoup parler de mes amis, je crois qu'ils n'aimeraient pas ça. L'amitié ce sont des liens mystérieux et cela ne s'analyse pas. L'amitié ne se dit pas. »

Jacques Brel : « L'Amitié est une des rares choses qui soit chaude, qui soit jolie. C'est une couleur l'Amitié, c'est doux, c'est encore une des formes du ventre de sa mère. »

LINO : **« Mes amis, qu'ils soient célèbres entre guillemets ou non, ils ont tous une qualité essentielle pour moi qui est la pudeur. Avec eux, pas besoin de grandes phrases pour se comprendre, on se devine. Ce sont des hommes avec lesquels je suis bien, des hommes solides, passionnés, généreux, entiers. Ils m'acceptent tel que je suis avec mes qualités et mes défauts. Je sais que je peux compter sur eux comme ils peuvent compter sur moi. Nous sommes amis tout simplement et l'on n'a pas besoin de se le dire à chaque fois que l'on se voit. »**

Avec Georges Brassens

Lino, quand il aimait, il aimait vraiment ! Le cœur était à la dimension du bonhomme !

Charles Aznavour : « **Lino, quand il aimait, il aimait vraiment ! Le cœur était à la dimension du bonhomme !** Lino c'était un cœur « **gros comme ça** ». Un cœur gros mais couvert. Avec cette peur de montrer ses émotions car c'était un être d'une sensibilité extrême.
Il ne voulait pas montrer ses faiblesses alors il les cachait. C'était un homme qui était enfermé « dans » lui-même... **Et même s'il s'était ouvert magnifiquement dans la vie, une chose est certaine : c'est qu'il était resté sûrement le même que quand il était môme. Et ça c'est important !** »

Jacques Chancel : « Lino était très ouvert aux autres, mais très peu ouvert à lui-même. Très ouvert aux autres, mais toujours avec cette délicatesse, cette pudeur. Ce n'était pas quelqu'un à s'enflammer en lançant des « *Comment vas-tu mon chéri !* » Ce n'était pas de l'indifférence, mais il mettait dans tous les rapports qu'il avait avec les gens une proximité et une distance tout à la fois. Et c'est ce que j'aimais chez lui. **Lino était un personnage qu'il fallait deviner. Il ne s'offrait pas toujours à cause de cette pudeur. Pour le faire sortir de lui-même, il fallait s'accrocher... Il y avait du boulot !** Lino n'était pas torturé, mais il était tout en interrogations. Il poursuivait, à mon avis, un rêve intérieur. Je ne sais pas quel était ce rêve, mais il en avait un. Sa grande phrase était : « *Tu ne me comprendras jamais !* » Et moi, con, je lui répondais : « *Il n'y a rien à comprendre !* » Et paradoxalement, il n'acceptait pas vraiment qu'on tente de le comprendre en ayant des discussions directes qui vont au fond. »

Les Aventuriers - 1967

Avec Henri Verneuil

L'aventure
c'est l'aventure - 1972

Avec Odette

Jacques Brel : « J'aime beaucoup Lino pour sa tendresse. Pour sa pudeur et sa tendresse. Et pour le reste, je ne sais pas comment il est. Les hommes ne se parlent pas entre eux, vous savez ! J'aime bien Lino. J'aime beaucoup Lino et puis c'est tout ! »

LINO : « **Jacques était mon ami et j'étais le sien.** J'ai été très fier qu'il m'ait donné son amitié parce que c'était un être exceptionnel. **On avait des points communs, je crois... Les mêmes principes sur les hommes, sur la dignité, sur la liberté...** Et puis, vous savez, en amitié, on n'a pas besoin de se dire grand-chose. Je crois que c'est une complicité intérieure, on parle quand on en a envie. C'est un courant, c'est quelque chose de mystérieux. On se parlait même si on ne se disait rien. »

Maddly : « Lino et Jacques étaient *grand frère* l'un de l'autre. Ce qui les rapprochait, c'était ce même regard sur la vie et dans ce qu'il y a de noble dans l'être humain. Ils se respectaient profondément. Ils avaient aussi l'un pour l'autre une tendresse infinie qu'on sentait et qui était presque palpable quand tu les voyais tous les deux ensemble. Jacques savait que Lino était très fragile, très sensible et qu'il se posait beaucoup de questions. Et comme ils s'étaient reconnus, Lino savait qu'il pouvait se confier à Jacques parce qu'avec lui, il se savait entendu. Quand Jacques et Lino étaient ensemble, le bonheur était là. »

LINO : « Je serais un homme malheureux si je n'avais plus d'amis. Mais j'ai la naïveté et la vanité de croire que je n'ai pas d'ennemis, vous vous rendez compte où j'en arrive... C'est inquiétant ! Je suis très fier d'avoir des amis et je crois que je suis très riche dans ce domaine. »

LINO : « Ma femme, c'est tout à fait différent, je ne peux pas la mettre dans le même *escadron* que mes amis masculins car l'amour, l'estime et la complicité qui nous unissent, c'est tout à fait autre chose. Elle fait partie de mes grandes rencontres dans la vie. Et peut-être que si je n'avais pas rencontré ma femme, je serais parti vers d'autres horizons... »

L'Emmerdeur - 1973

Lettre de Jacques Brel - 1974

Ile de l'Union (Antilles)
le 28/12, au soir
A bord de la "Korrig."

Cher Lino,

Plus de deux mois en mer déjà sur ce petit bateau, du vent, des orages, de la pluie qui lave et ce soir l'envie de te parler.

Tu sais, Lino, je suis plus jeune que toi mais je crois tout de même être autorisé à te dire que je t'aime bien.

J'ai rencontré si peu d'hommes en 45 ans qu'il me semble une faute de ne pas les serrer un peu contre moi, même si en échange j'ai bien peu à leur donner.

Tu vois, je ne sais ni ce que sera ta vie ni ce que sera la mienne mais je trouverais désolant que nous nous perdions trop. C'est si rare la tendresse.

Bientôt j'aurai un bateau et je veux que tu saches que tu y seras toujours le très bienvenu

Je te souhaite heureux et fier d'être.
Et je pense que de deviner tes fragilités je sais aussi ta force.
Tu sais Lina, nous avons 15 ans et je crains que nous n'en sortions jamais.
Au fond je vais très bien sur ce bateau. Ça n'est pas le grand confort et c'est bien fatigant mais il y a des moments formidables.
Bien sûr l'Atlantique c'est long mais avec la lune par dessus et du vent dans les voiles cela ressemble à une chanson d'amour.
Et je ne sais encore rien de mieux que cela.
Dans huit jours je retrouverai ma Doudou à Pointe à Pitre puis nous rentrerons en France.
Peut-être seras-tu à Paris fin janvier ? Je serais bien heureux de l'occasion de te voir un soir.
Pour ne parler de rien et juste se comprendre.
A Bientôt Lina, je t'embrasse de loin, il fait nuit et l'eau a 27°.

sincèrement Jacques –

En famille :
Henri Verneuil,
Lino Ventura,
Jean-Paul Belmondo,
Reginald Kernan,
Andrea Parisy
et Michel Audiard
au Festival de Cannes -
1964

séquence 17

Ses films

LINO : « Il y a très peu de films que je regrette d'avoir fait. Heureusement pour moi d'ailleurs ! Je me suis trompé comme tout le monde, mais j'assume complètement ce que j'ai fait.
Ce serait d'un ennui profond si on avait eu la recette exacte de ce qu'on doit faire.
Mon Dieu ! Il vaudrait mieux mettre des petits pois en boîte, je ne sais pas, n'importe quoi mais pas faire ce métier-là ! »

LINO : « Il m'est impossible de vous dire quel est mon film favori ou avec quel partenaire j'ai préféré tourner parce qu'un film représente des souvenirs émotifs, personnels pour mille raisons qui n'ont rien à voir sans doute avec la qualité du film lui-même.
Mon jugement n'est pas un critère ! »

Les Tontons flingueurs - 1963

La Métamorphose des cloportes - 1965

Sur le tournage :
La Jonque chinoise
(inachevé) - 1984

Sur le tournage :
La Gifle
1974

SOMMS
7
10
4
1
15
SOMMS
5
LOUIS LEGRAND

Sur le tournage :
Le Ruffian - 1982

1954
Touchez pas au grisbi de JACQUES BECKER

1955
Razzia sur la chnouf d'HENRI DECOIN

1956
La Loi des rues de RALPH HABIB
Crime et châtiment de GEORGES LAMPIN

1957
Le Feu aux poudres d'HENRI DECOIN
Action immédiate de MAURICE LABRO
Le rouge est mis de GILLES GRANGIER
L'Étrange monsieur Steve
de RAYMOND BAILLY
Trois jours à vivre de GILLES GRANGIER

1958
Ces dames préfèrent le mambo
de BERNARD BORDERIE
Ascenseur pour l'échafaud de LOUIS MALLE
Maigret tend un piège de JEAN DELANNOY
Montparnasse 19 de JACQUES BECKER
Le gorille vous salue bien
de BERNARD BORDERIE

1959
Le fauve est lâché de MAURICE LABRO
Sursis pour un vivant de VICTOR MERENDA
Douze heures d'horloge
de GEORGES RADVANYI
Marie Octobre de JULIEN DUVIVIER
Un témoin dans la ville
d'ÉDOUARD MOLINARO
125, rue Montmartre de GILLES GRANGIER
Le Chemin des écoliers de MICHEL BOISROND

1960
Classe tous risques de CLAUDE SAUTET
Les Mystères d'Angkor de WILLIAM DIETERLE

1961
La Fille dans la vitrine de LUCIANO EMMER
Un taxi pour Tobrouk
de DENYS DE LA PATELLIÈRE
Les lions sont lâchés d'HENRI VERNEUIL

1962
Le Bateau d'Émile
de DENYS DE LA PATELLIÈRE
Les Petits Matins de JACQUELINE AUDRY
Le Jugement dernier de VITTORIO DE SICA
Le Diable et les Dix Commandements
de JEAN DUVIVIER
Tournage de L'Opéra de quat'sous
de WOLFGANG STAUDTE, sortie Février 1968

1963
Carmen 63 de CARMINE GALLONE
Le Roi des truands de DUILIO COLETTI
Les Tontons flingueurs de GEORGES LAUTNER
Tournage du film Les Bandits
de CARLOS SAURA, inédit en France

1964
Cent mille dollars au soleil
d'HENRI VERNEUIL
Les Barbouzes de GEORGES LAUTNER

1965
L'Arme à gauche de CLAUDE SAUTET
La Métamorphose des cloportes
de PIERRE GRANIER-DEFERRE
Les Grandes Gueules de ROBERT ENRICO

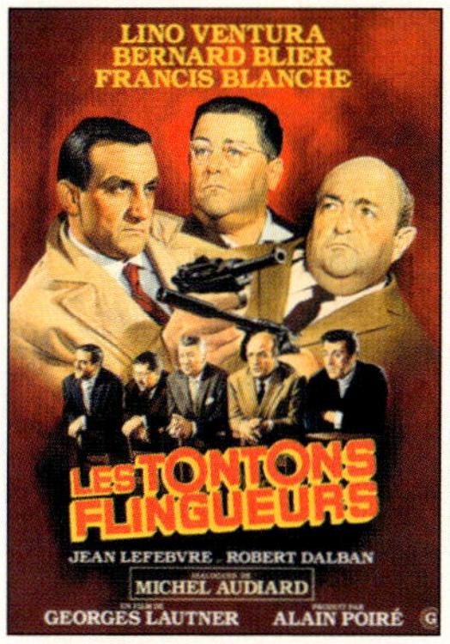

1966
Ne nous fâchons pas de GEORGES LAUTNER
Avec la peau des autres de JACQUES DERAY
Le Deuxième Souffle
de JEAN-PIERRE MELVILLE

1967
Les Aventuriers de ROBERT ENRICO

1968
Le Rapace de JOSÉ GIOVANNI

1969
L'Armée des ombres
de JEAN-PIERRE MELVILLE
Le Clan des siciliens d'Henri VERNEUIL

1970
Dernier domicile connu de JOSÉ GIOVANNI

1971
Fantasia chez les ploucs de GÉRARD PIRÈS
Boulevard du rhum de ROBERT ENRICO

1972
L'aventure c'est l'aventure
de CLAUDE LELOUCH
Cosa nostra de TERENCE YOUNG

1973
Le Silencieux de CLAUDE PINOTEAU
La Bonne Année de CLAUDE LELOUCH
L'Emmerdeur d'ÉDOUARD MOLINARO

1974
Les Durs de DUCIO TESSARI
La Gifle de CLAUDE PINOTEAU

1975
La Cage de PIERRE GRANIER-DEFERRE
Adieu poulet de PIERRE GRANIER DEFERRE

1976
Cadavres exquis de FRANCESCO ROSI

1978
Un papillon sur l'épaule de JACQUES DERAY
La Grande Menace de JACK GOLD

1979
L'Homme en colère de CLAUDE PINOTEAU

1980
Les Séducteurs d'ÉDOUARD MOLINARO

1981
Garde à vue de CLAUDE MILLER

1982
Espion, lève-toi d'YVES BOISSET
Les Misérables de ROBERT HOSSEIN

1983
Le Ruffian de JOSÉ GIOVANNI

1984
Cent jours à Palerme de GIUSEPPE FERRARA
La Septième Cible de CLAUDE PINOTEAU

Apparitions dans :
La Raison du plus fou
de FRANCOIS REICHENBACH
Far West de JACQUES BREL 1973
La Rumba de ROGER HANIN 1987
Sword of Gideon
de MICHAEL ANDERSON 1986

Parmi les films refusés...
Les Choses de la vie de CLAUDE SAUTET 1970
Le Vieux Fusil de ROBERT ENRICO 1975
Le Convoi de la peur
de WILLIAM FRIEDKIN 1977
Rencontres du troisième type
de STEVEN SPIELBERG 1977
Apocalypse Now
de FRANCIS FORD COPPOLA 1979
Moonraker de LEWIS GILBERT 1979
La Chèvre de FRANCIS VEBER 1981

Sur le tournage :
Les Misérables
1982

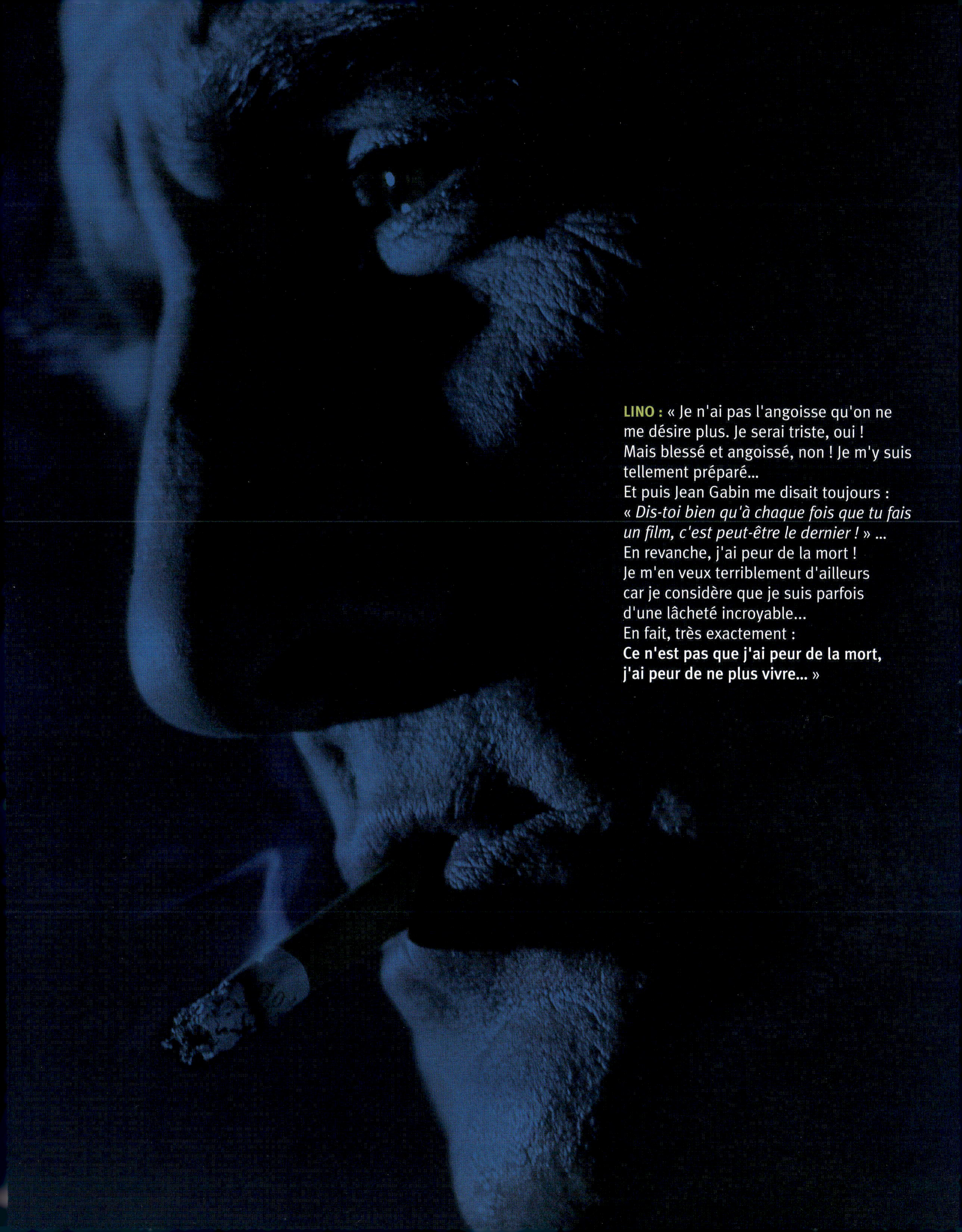

LINO : « Je n'ai pas l'angoisse qu'on ne me désire plus. Je serai triste, oui ! Mais blessé et angoissé, non ! Je m'y suis tellement préparé...
Et puis Jean Gabin me disait toujours :
« *Dis-toi bien qu'à chaque fois que tu fais un film, c'est peut-être le dernier !* » ...
En revanche, j'ai peur de la mort !
Je m'en veux terriblement d'ailleurs car je considère que je suis parfois d'une lâcheté incroyable...
En fait, très exactement :
Ce n'est pas que j'ai peur de la mort, j'ai peur de ne plus vivre... »

Une leçon de vie

Distribution

Isabelle Adjani*
Actrice, comédienne
Michel Audiard
Scénariste, écrivain, metteur en scène
Charles Aznavour*
Chanteur, acteur, comédien

Jean-Paul Belmondo*
Acteur, comédien
Bernard Blier
Acteur, comédien
Jacques Brel
Auteur compositeur interprète, acteur, metteur en scène
Jean-Claude Brialy*
Acteur, comédien, écrivain
Claudia Cardinale*
Actrice
Jean-Claude Carrière*
Scénariste, écrivain
Daniel Cauchy*
Producteur, acteur
Jacques Chancel*
Journaliste
Jean-Loup Dabadie*
Scénariste
Mireille Darc*
Actrice
Denys de La Patellière
Metteur en scène
Alain Delon
Acteur, comédien
Jacques Deray
Metteur en scène
Michel Drucker*
Journaliste, animateur, producteur
Robert Enrico*
Metteur en scène
Marc Esposito
Journaliste, metteur en scène
Françoise Fabian
Actrice
Christian Fechner*
Producteur
Jean Gabin
Acteur
Charles Gérard*
Acteur
José Giovanni*
Écrivain, scénariste, metteur en scène
Gilles Grangier
Metteur en scène
Pierre Granier-Deferre*
Metteur en scène
André Halimi
Journaliste
Robert Hossein
Acteur, comédien, metteur en scène
Philippe Labro*
Journaliste, écrivain, metteur en scène
Georges Lautner*
Metteur en scène
Claude Lelouch
Metteur en scène
Maddly*
Actrice, écrivain
Jean-Pierre Melville
Metteur en scène
Claude Miller
Metteur en scène
Alexandre Mnouchkine
Producteur
Édouard Molinaro*
Metteur en scène
Michèle Morgan*
Actrice, comédienne
Denis Parent
Journaliste
Claude Pinoteau*
Metteur en scène
Norbet Saada*
Producteur
Claude Sautet*
Metteur en scène, scénariste
Michel Serrault
Acteur
Francis Veber
Scénariste, metteur en scène
Odette Ventura*

* Témoignages issus d'entretiens avec l'auteur

Bibliographie :

Télévision :

Portrait - Dominique Varenne - 1976
Reportage - Alain Bévérini - 1978
Le Grand Échiquier - Jacques Chancel - 1979
Spécial Cinéma - Christian Defaye - 1982
Champs-Élysées - Michel Drucker - 1983
Cinémas Cinémas - Claude Ventura - 1987
Grand Public - Patrick Sabatier - 1987
Ciné Stars - Michel Drucker 1992
Ventura... dit Lino - Clelia Ventura - 1997
Légendes - Philippe Labro - 2004

Livres :

Lino Ventura par Gilles Colpart
Éditions PAC

Lino Ventura par Didier Vallé, collection « Stars » dirigée par André Halimi
Éditions Solar

Gilles Grangier : *Passé la Loire, c'est l'aventure* - François Guérif
Éditions Terrain Vague Losfeld

Michel Serrault... Vous avez dit Serrault - Michel Serrault
Éditions Florent Massot

J'ai connu une belle époque - Jacques Deray
Éditions Christian Pirot

Presse :

Studio Magazine
Paris-Match
Cinétélérevue

Œuvres de l'auteur :

Ventura dit... LINO 1997 – Arte – 90 minutes

Un portrait touchant et chaleureux d'un acteur immensément populaire,
bâti autour d'images d'archives et de témoignages.
Prix du Comité Français de l'Audiovisuel dans la catégorie première oeuvre.

Terrain de chasse 2000 – Parma Films – 9 minutes
Court métrage, fiction.

Paris : la nuit. Au début rien à signaler, mais la vie prend parfois des virages à 180° qui peuvent être fatals. L'indicible va se produire sans que rien ne puisse l'empêcher.
Mention spéciale du jury : Festival du court métrage de Venise.

Lino, tout simplement
Souvenirs d'enfance et recettes de famille.
Éditions Robert Laffont, 2003.

Merci à papa qui m'a permis, à travers ce livre, de rencontrer des êtres passionnés...

Un merci d'amour à ma mère pour m'avoir ouvert le tiroir de ses souvenirs. Merci ma petite maman...

Je remercie Rémi Bouet, mon éditeur qui m'a accordé toute sa confiance
et grâce auquel je réalise un beau rêve.
Merci à toi Rémi !

Merci à Jack Marchal qui a été l'ange gardien de cette histoire éternelle.
Merci à David Pairé qui a su si bien donner vie aux images et à leurs mots de A à Z.
Un grand merci à toute la magnifique équipe du Marque-pages pour leur enthousiasme,
leur bonne humeur et leur gentillesse. Christine, Sylvie, David, Fabrice, Matthieu, Michel... Vive Vous !

Merci à tous les journalistes qui, grâce à leurs entretiens avec mon père,
m'ont permis de réunir les mots pour le raconter.

Un merci particulier à Philippe Ledru, auteur de la photographie de couverture.
Photographie qui m'a accompagnée, m'accompagne et m'accompagnera toujours...

Un immense merci à Isabelle Adjani, Cricri Audiard, Charles Aznavour, Jean-Claude Brialy, Claudia Cardinale,
Jean-Claude Carrière, Daniel Cauchy, Jacques Chancel, Jean-Loup Dabadie, Michel Drucker,
Christian Fechner, Pierre Granier-Deferre, Robert Hossein, Philippe Labro, Maddly, Michèle Morgan, Claude Pinoteau,
Norbert Saada de m'avoir fait partager leurs souvenirs.
Je remercie également tous ceux que j'ai eu la chance de rencontrer, il y a quelque temps déjà...

Je remercie chaleureusement Jean-Michel Aguire, Bertrand Blier, Christian Brincourt, Bernard Grenet, Patrice Leconte,
Jean-Pierre Lavoignat, Bruno Podalydès, Jean Reno et Pierre Tchernia qui ont bien voulu m'accorder de leur temps,
mais dont les entretiens, bien qu'ils aient nourri ma réflexion, n'ont pas pu être publiés.

Merci à Gérard Stum pour ses trésors.

Je remercie aussi tous ceux qui, de près comme de loin, ont participé à cet ouvrage :
Jean-Christophe Berjon, François Bouzinac, Chantal Cauchy, Sarah Chayeau, Jacques Damitio, Louis-Henri de Lignières,
Claude Knosp, Monique Kouznetzoff, Géraldine L'Henoret, Sabine Levin, Laurent Ventura et Marie-Hélène Ventura.

Un merci spécial à Nadia et Stéphane de « Comme un Roman », la librairie de mon cœur à Chatou,
qui m'ont soutenue tout au long de cette aventure.

Merci à tous les iconographes documentalistes qui nous ont aidés à retrouver ces instants de vie :
Cécile Verguin (Bifi) ; Marc Deriez (Cinétélérevue) ; Valérie David, Serge Darmon (Collection Christophe L) ;
Françoise Carminati, Thierry Freiberg (Corbis) ; Mohamed Lounes (Gamma) ; Gilles Traverso (photographe indépendant) ;
Marc Brincourt, Sylvianne Giraldon, Claudine Legros, Roseline Bry (Paris-Match) ; Stéphane Brochier,
Christophe Mauberret (Ministère de la Culture - France) ; Michèle Lajournade (Roger Viollet) ;
Catherine Terk (Rue des Archives) ; Martinne Détier (Sipa press) ; Anne-Marie de Montcalm (Studio Harcourt).

Merci aussi à Anne Pihin pour sa relecture attentive.
Un grand merci également à Sylvie Descourtieux pour son œil averti et sauveur
sur la dernière ligne droite. On va y arriver Sylvie !
Je remercie également toutes les équipes de diffusion du Seuil.

Merci à Christophe Lartige d'avoir réussi l'impossible photo
et bravo à Virginie Papillon pour ses talents de maquilleuse magicienne.

Enfin et je remercie toute ma petite famille de cœur... Ils se reconnaîtront.
À tous... Salute Pace Amore
Clelia

Je dédie ma dernière pensée à Jean Lefebvre, le dernier des « Tontons », disparu, « flingué », au moment où j'achève l'écriture de ce livre :
« Jean, merci d'embrasser papa pour moi ! »
Juillet 2004.

Remerciements

L'éditeur remercie Odette Ventura pour sa grâce et ses précieux souvenirs,
David Pairé et son équipe pour le talent, la patience et la passion dont ils ont fait preuve,
Victoria Marchal pour le tout premier rendez-vous,
Jack Marchal, pour avoir été un courageux capitaine en second de ce livre-navire,
et Clelia, dont la luminosité a éclairé toute l'aventure (c'est l'aventure !)
de ce livre qu'elle a porté, fièrement, de son cœur aux nôtres.
Ciao bella !

Tous les efforts ont été faits pour créditer les photographes et les agences,
dont les œuvres sont reproduites dans cet ouvrage. Nous présentons par avance
nos excuses pour toute omission involontaire que nous ne manquerons pas de corriger,
le cas échéant, dans une prochaine édition.
Par ailleurs, que les auteurs de photographies involontairement non crédités se mettent en contact avec l'éditeur,
afin que leurs droits soient acquittés par ce dernier.

Direction artistique : David Pairé / davidpaire**.com**
Secrétariat de rédaction/Correction : Anne Pihin.

40, rue des Vignobles
78 400 Chatou.
http://www.marque-pages.com

Crédits photos : Bifi : page : 36/37-62/63-124-128-129 ; Christophe L Collection : page : 32-35-132-150 ; Ciné Télé Revue : page : 33-76-108 ; Collection Famille Ventura : page :7-8-9-11-12-13-14-15-16-20-21-22-23-28-34-39-48-52-53-54-59-60-76-83-84-88-93-95-109-117-119-121-122-123-124-125-126-127-133-135-136-141-142/143-151-152-153 ; Collection Gérard Stum : page:4/5-24/25-29-42-44-45-46-55-56-57-60-65-66/67-69-92-128 ; Corbis : page :18/19 : Fabian /Corbis Sygma -50 : Corbis Kipa - 70 : Corbis Sygma - 71 : Alain Dejean/ Corbis Sygma - 75 : Corbis Kipa -79 -80 : Walter Carone/ Corbis Sygma - 98/99 : Étienne George/ Corbis Sygma - 102/103 : Étienne George/ Corbis Sygma - 105 : Jacques Haillot/Corbis Sygma - 106 : Alain Denize/ Corbis Kipa - 110/111 : Corbis Kipa - 114/115 : Léo Mirkine /Corbis Kipa - 118 : Bernard Prim/Corbis Sygma - 134 : Corbis Sygma - 136 : Corbis Sygma - 140 : Corbis Sygma - 147 : Pierre Georges/Corbis Sygma - 148/149 : Léonard de Raemy/Corbis Sygma - 158/159 : Corbis Kipa ; Gamma : page : 17-30/31-41-77-80-107-131 ; Keystone : page : 22-79-81-101-121
Paris Match : page 2-26-27 : Jack Garofalo - 82 : André Sartres -100 : Christian Gibey - 104 : Michel Le Tac -113 : André Sartres - 116 : Benoît Gysemberg - 127 : François Gragnon - 144/145 : André Lefebre - 146-156 : Claude Azoulay
Ministère de la Culture - France : page : 43 - 53 : Studio Harcourt ; 47 - 73 : Raymond Voinquel - 154/155 : Sam Levin
Roger Viollet : page : 64-86-90/91-101 ; Rue des Archives : page : 32-38-46-49-51-52-53-61-78-85-89-96-97-112-122 -127-130-138/139
Sipa Press : page : 6-88-94-120-137-141-146 ; Photo couverture : Lino Ventura par Philippe Ledru ; 4 ème de couverture : Lino Ventura par Keystone-France ; Clelia Ventura par Christophe Lartige/Sipa Press. Maquilleuse : Virginie Papillon
Rabat : CinéTéléRevue

Achevé d'imprimer en septembre 2004.
Imprimé en U. E.